아이가 주인공인 책

아이는 스스로 생각하고 매일 성장합니다.
부모가 아이를 존중하고 그 가능성을 믿을 때
새로운 문제들을 스스로 해결해 나갈 수 있습니다.

<기적의 학습서>는 아이가 주인공인 책입니다.
탄탄한 실력을 만드는 체계적인 학습법으로
아이의 공부 자신감을 높여 줍니다.

아이의 가능성과 꿈을 응원해 주세요.
아이가 주인공인 분위기를 만들어 주고,
작은 노력과 땀방울에 큰 박수를 보내 주세요.
<기적의 학습서>가 자녀 교육에 힘이 되겠습니다.

기적의 계산법 응용 up

초등 2학년

3권

기적의 계산법 응용UP · 3권

초판 발행 2021년 1월 15일
초판 9쇄 발행 2024년 5월 2일

지은이 기적학습연구소
발행인 이종원
발행처 길벗스쿨
출판사 등록일 2006년 7월 1일
주소 서울시 마포구 월드컵로 10길 56(서교동)
대표 전화 02)332-0931 | **팩스** 02)333-5409
홈페이지 school.gilbut.co.kr | **이메일** gilbut@gilbut.co.kr

기획 김미숙(winnerms@gilbut.co.kr) | **책임편집** 김미숙
제작 이준호, 손일순, 이진혁 | **영업마케팅** 문세연, 박선경, 박다슬 | **웹마케팅** 박달님, 이재윤, 이지수, 나혜연
영업관리 김명자, 정경화 | **독자지원** 윤정아
디자인 정보라 | **표지 일러스트** 김다예 | **본문 일러스트** 류은형
전산편집 글사랑 | **CTP 출력·인쇄·제본** 벽호

▶ 본 도서는 '절취선 형성을 위한 제본용 접지 장치(Folding apparatus for bookbinding)' 기술 적용도서입니다.
  특허 제10-2301169호
▶ 잘못 만든 책은 구입한 서점에서 바꿔 드립니다.

ISBN 979-11-6406-297-3 64410
(길벗스쿨 도서번호 10724)

정가 9,000원

....

독자의 1초를 아껴주는 정성 **길벗출판사**

길벗스쿨 | 국어학습서, 수학학습서, 유아콘텐츠유닛, 주니어어학, 어린이교양, 교과서, 길벗스쿨콘텐츠유닛
길벗 | IT실용서, IT/일반 수험서, IT전문서, 경제실용서, 취미실용서, 건강실용서, 자녀교육서
더퀘스트 | 인문교양서, 비즈니스서

기적학습연구소 **수학연구원 엄마**의 **고군분투서!**

저는 게임과 유튜브에 빠져 공부에는 무념무상인 아들을 둔 엄마입니다.

오늘도 아들이 조금 눈치를 보는가 싶더니 '잠깐만, 조금만'을 일삼으며 공부를 내일로 또 미루네요.

'그래, 공부보다는 건강이지.' 스스로 마음을 다잡다가도 고학년인데 여전히 공부에

관심이 없는 녀석의 모습을 보고 있자니 저도 모르게 한숨이…….

5학년이 된 아들이 일주일에 한두 번씩 하교 시간이 많이 늦어져서 하루는 앉혀 놓고 물어봤습니다.

수업이 끝나고 몇몇 아이들은 남아서 틀린 수학 문제를 다 풀어야만 집에 갈 수 있다고 하더군요.

맙소사, 엄마가 회사에서 수학 교재를 십수 년째 만들고 있는데, 아들이 수학 나머지 공부라니요? 정신이 번쩍 들었습니다.

저학년 때는 어쩌다 반타작하는 날이 있긴 했지만 곧잘 100점도 맞아 오고 해서 '그래, 머리가 나쁜 건 아니야.' 하고 위안을 삼으며

'아직 저학년이잖아. 차차 나아지겠지.'라는 생각에 공부를 강요하지 않았습니다.

그런데 아이는 어느새 훌쩍 자라 여느 아이들처럼 수학 좌절감을 맛보기 시작하는 5학년이 되어 있었습니다.

학원에 보낼까 고민도 했지만, 그래도 엄마가 수학 전문가인데… 영어면 모를까 내 아이 수학 공부는 엄마표로 책임져 보기로 했습니다.

아이도 나머지 공부가 은근 자존심 상했는지 엄마의 제안을 순순히 받아들이더군요. 매일 계산법 1장, 문장제 1장, 초등수학 1장씩 수

학 공부를 시작했습니다. 하지만 기초도 부실하고 학습 습관도 안 잡힌 녀석이 갑자기 하루 3장씩이나 풀다보니 힘에 부쳤겠지요.

호기롭게 시작한 수학 홈스터디는 공부량을 줄이려는 아들과의 전쟁으로 변질되어 갔습니다. 어떤 날은 애교와 엄살로 3장이 2장이 되고,

어떤 날은 울음과 샤우팅으로 3장이 아예 없던 일이 되어버리는 등 괴로움의 연속이었죠. 문제지 한 장과 게임 한 판의 딜이 오가는 일

도 비일비재했습니다. 곧 중학생이 될 텐데… 엄마만 조급하고 녀석은 점점 잔꾀만 늘어가더라고요. 안 하느니만 못한 수학 공부 시간

을 보내며 더이상 이대로는 안 되겠다 싶은 생각이 들었습니다. 이 전쟁을 끝낼 묘안이 절실했습니다.

우선 아이의 공부력에 비해 너무 과한 욕심을 부리지 않기로 했습니다. 매일 퇴근길에 계산법 한쪽과 문장제 한쪽으로 구성된 아이만의

맞춤형 수학 문제지를 한 장씩 만들어 갔지요. 그리고 아이와 함께 풀기 시작했습니다. 앞장에서 꼭 필요한 연산을 익히고, 뒷장에서

연산을 적용한 문장제나 응용문제를 풀게 했더니 응용문제도 연산의 연장으로 받아들이면서 어렵지 않게 접근했습니다. 아이 또한 확

줄어든 학습량에 아주 만족해하더군요. 물론 평화가 바로 찾아온 것은 아니었지만, 결과는 성공적이었다고 자부합니다.

이 경험은 <기적의 계산법 응용UP>을 기획하고 구현하게 된 시발점이 되었답니다.

1. 학습 부담을 줄일 것! 딱 한 장에 앞 연산, 뒤 응용으로 수학 핵심만 공부하게 하자.

2. 문장제와 응용은 꼭 알아야 하는 학교 수학 난이도만큼만! 성취감, 수학자신감을 느끼게 하자.

3. 욕심을 버리고, 매일 딱 한 장만! 짧고 굵게 공부하는 습관을 만들어 주자.

이 책은 위 세 가지 덕목을 갖추기 위해 무던히 애쓴 교재입니다.

<기적의 계산법 응용UP>이 저와 같은 고민으로 괴로워하는 엄마들과 언젠가는 공부하는 재미에

푹 빠지게 될 아이들에게 울트라 종합비타민 같은 선물이 되길 진심으로 바랍니다.

길벗스쿨 기적학습연구소에서

매일 한 장으로 완성하는 **응용UP 학습설계**

Step 1
핵심개념 이해

▶ 단원별 핵심 내용을 시각화하여 정리하였습니다. 연산방법, 개념 등을 정확하게 이해한 다음, 사진을 찍듯 머릿속에 담아 두세요. 개념정리만 묶어 나만의 수학개념모음집을 만들어도 좋습니다.

Step 2
연산 + 응용 균형학습

뒤집으면

▶ 앞 연산, 뒤 응용으로 구성되어 있어 매일 한 장 학습으로 연산훈련 뿐만 아니라 연산적용 응용문제 까지 한번에 학습할 수 있습니다. 매일 한 장씩 뜯어서 균형잡힌 연산 훈련을 해 보세요.

Step 3
평가로 실력점검

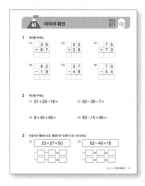
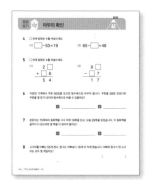

▶ 점수도 중요하지만, 얼마나 이해하고 있는지를 아는 것이 더 중요합니다. 배운 내용을 꼼꼼하게 확인하고, 틀린 문제는 앞으로 돌아가 한번 더 연습하세요.

▶ 매일 연산+응용으로 균형 있게 훈련합니다.

매일 하는 수학 공부, 연산만 편식하고 있지 않나요?
수학에서 연산은 에너지를 내는 탄수화물과 같지만,
그렇다고 밥만 먹으면 영양 불균형을 초래합니다.
튼튼한 근육을 만드는 단백질도 꼭꼭 챙겨 먹어야지요.
기적의 계산법 응용UP은 매일 한 장 학습으로
계산력과 응용력을 동시에 훈련할 수 있도록 만들었습니다.
앞에서 연산 반복훈련으로 속도와 정확성을 높이고,
뒤에서 바로 연산을 활용한 응용 문제를 해결하면서
문제이해력과 연산적용력을 키울 수 있습니다.
균형잡힌 연산 + 응용으로 수학기본기를 빈틈없이 쌓아 나갑니다.

▶ 다양한 응용 유형으로 폭넓게 학습합니다.

반복연습이 중요한 연산, 유형연습이 중요한 응용!
문장제형, 응용계산형, 빈칸추론형, 논리사고형 등 다양한 유형의 응용 문제에 연산을 적용해 보면서
연산에 대한 수학적 시야를 넓히고, 튼튼한 수학기초를 다질 수 있습니다.

| 문장제형 |

| 응용계산형 |

| 빈칸추론형 |

| 논리사고형 |

▶ 뜯기 한 장으로 언제, 어디서든 공부할 수 있습니다.

한 장씩 뜯어서 사용할 수 있도록 칼선 처리가 되어 있어
언제 어디서든 필요한 만큼 쉽게 공부할 수 있습니다.
매일 한 장씩 꾸준히 풀면서 공부 습관을 길러 봅니다.

차 례

DAY

01

세 자리 수

· 학습기록표 ·

학습 일차	학습 내용	날짜	맞은 개수	
			연산	응용
DAY 1	세 자리 수 ① 백, 몇백	/	/6	/6
DAY 2	세 자리 수 ② 세 자리 수 읽기, 쓰기	/	/16	/6
DAY 3	세 자리 수 ③ 세 자리 수의 구성	/	/6	/4
DAY 4	세 자리 수 ④ 세 자리 수의 구성	/	/10	/5
DAY 5	자릿값 ① 세 자리 수의 분해: 덧셈식으로 나타내기	/	/6	/6
DAY 6	자릿값 ② 각 자리 숫자와 나타내는 값	/	/8	/4
DAY 7	자릿값 ③ 각 자리 숫자와 나타내는 값	/	/16	/5
DAY 8	뛰어서 세기	/	/7	/5
DAY 9	크기 비교 ① 두 수의 크기 비교	/	/16	/5
DAY 10	크기 비교 ② 세 수 이상의 크기 비교	/	/12	/2
DAY 11	세 자리 수 활용 ① □가 있는 수의 크기 비교	/	/8	/8
DAY 12	세 자리 수 활용 ② 수 카드로 세 자리 수 만들기	/	/8	/4
DAY 13	마무리 확인	/		/13

책상에 붙여 놓고
매일매일 기록해요.

1. 세 자리 수

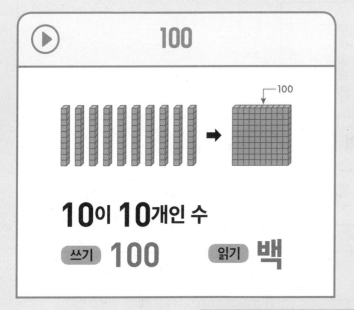

▶ 100

10이 10개인 수

쓰기 **100** 읽기 **백**

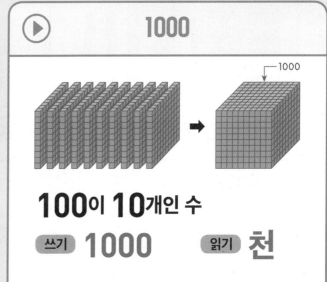

▶ 1000

100이 10개인 수

쓰기 **1000** 읽기 **천**

100을 설명하는 여러 가지 방법	1000을 설명하는 여러 가지 방법
• 10이 10개인 수	• 100이 10개인 수
• 90보다 10만큼 더 큰 수	• 900보다 100만큼 더 큰 수
• 99보다 1만큼 더 큰 수	• 990보다 10만큼 더 큰 수
• 99 다음의 수	• 999보다 1만큼 더 큰 수

▶ 몇백

		쓰기	읽기
	100이 2개인 수	**200**	**이백**
	100이 3개인 수	**300**	**삼백**
	100이 4개인 수	**400**	**사백**

100이 ★개인 수=★00

세 자리 수

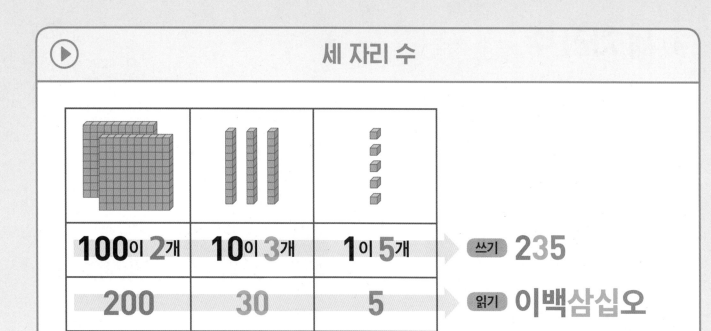

			쓰기	235
100이 **2**개	**10**이 **3**개	**1**이 **5**개		
200	30	5	읽기	이백삼십오

세 자리 수의 자릿값

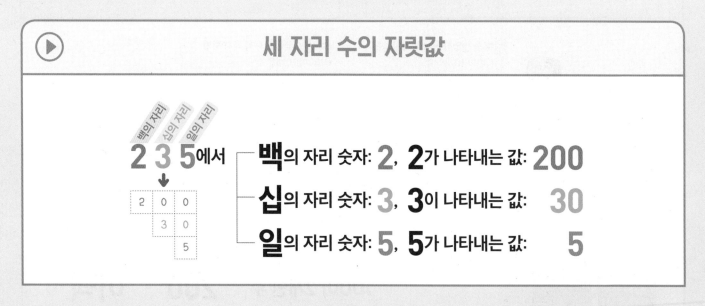

2 3 5에서
- **백**의 자리 숫자: **2**, **2**가 나타내는 값: **200**
- **십**의 자리 숫자: **3**, **3**이 나타내는 값: 30
- **일**의 자리 숫자: **5**, **5**가 나타내는 값: 5

세 자리 수의 크기 비교

❶ 백의 자리 숫자 비교 → 같으면 → ❷ 십의 자리 숫자 비교 → 같으면 → ❸ 일의 자리 숫자 비교

469 < 537   264 > 218   172 < 178

모두 얼마인지 수를 쓰세요.

1

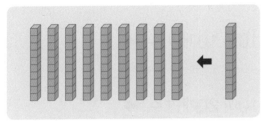

90보다 10만큼 더 큰 수

➡ | 1 | 0 | 0 |

4

100이 7개인 수

➡ | | | |

2

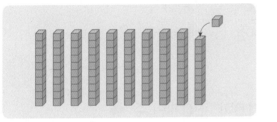

99보다 1만큼 더 큰 수

➡ | | | |

5

100이 5개인 수

➡ | | | |

3

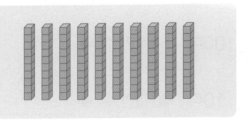

10이 10개인 수

➡ | | | |

6

100이 10개인 수

➡ | | | |

빈 곳에 알맞은 수를 쓰세요.

1   1이 **3**개인 수 ➡ 3

10이 **3**개인 수 ➡ 3 0
└─ 0이 1개 ─┘↑

100이 **3**개인 수 ➡ ☐ ☐ ☐
└─ 0이 2개 ─┘↑

4   10이 **10**개인 수 ➡ ☐ ☐ ☐
└─ 0이 2개 ─┘↑

10이 **20**개인 수 ➡ ☐ ☐ ☐

10이 **30**개인 수 ➡ ☐ ☐ ☐

바로
개념

10이 3개인 수는 3 뒤에 0을 ____ 개 붙이고,

10이 30개인 수는 3 뒤에 0을 ____ 개 붙여!

2   100이 **8**개인 수 ➡ _____

100이 **6**개인 수 ➡ _____

100이 **10**개인 수 ➡ _____

5   10이 **80**개인 수 ➡ _____

10이 **90**개인 수 ➡ _____

10이 **100**개인 수 ➡ _____

3   10이 **19**개인 수 ➡ _____

10이 **42**개인 수 ➡ _____

10이 **83**개인 수 ➡ _____

10이 **99**개인 수 ➡ _____

6   100이   **4**개인 수 ➡ _____

10이 **40**개인 수 ➡ _____

1이 **40**개인 수 ➡ _____

1이 **400**개인 수 ➡ _____

수를 읽거나 숫자로 나타내세요.

1 **395** 읽기 ⟶ <u>　　삼백구십오　　</u>
백 십 일

9 **오백칠십일** 쓰기 ⟶ <u>　　571　　</u>
　5　7　1

2 **872** 읽기 ⟶ <u>　　　　　　</u>

10 **백이십사** 쓰기 ⟶ <u>　　　　</u>

3 **109** 읽기 ⟶ <u>　　　　　</u>

11 **구백십** 쓰기 ⟶ <u>　　　　</u>

4 **681** 읽기 ⟶ <u>　　　　　　</u>

12 **육백십이** 쓰기 ⟶ <u>　　　　</u>

5 **513** 읽기 ⟶ <u>　　　　　　</u>

13 **칠백오** 쓰기 ⟶ <u>　　　　</u>

6 **904** 읽기 ⟶ <u>　　　　　　</u>

14 **사백삼십구** 쓰기 ⟶ <u>　　　　</u>

7 **240** 읽기 ⟶ <u>　　　　　　</u>

15 **삼백육십팔** 쓰기 ⟶ <u>　　　　</u>

8 **738** 읽기 ⟶ <u>　　　　　　</u>

16 **팔백오십삼** 쓰기 ⟶ <u>　　　　</u>

사람들의 말을 듣고, 빈칸에 알맞은 수를 써넣으세요.

1

지금 **육백칠십일** 번 버스가 도착했어요.

2

내 키는 **백이십일** 센티미터예요.

□ cm

3
음식 주문 번호는 **팔백십사** 번이야.

주문 번호

4

감사 세일! 식빵 한 봉지가 **구백구십** 원!

□ 원

5

삼백일 동 **백이** 호로 배달해 주세요.

배달주소
□ 동   □ 호

6

초콜릿이 한 봉지에 **이백오십** 개나 들어 있어요.

초콜릿
□ 개

모두 얼마인지 수를 쓰세요.

1

100이 **3**개, 10이 **5**개, 1이 **4**개인 수

➡ 3 5 4

4

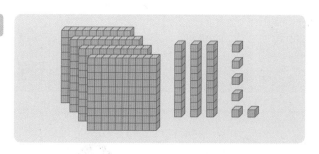

100이 **4**개, 10이 **3**개, 1이 **6**개인 수

➡

2

100이 **5**개, 1이 **7**개인 수

➡

5

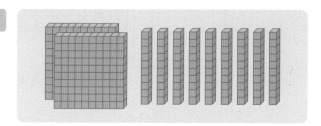

100이 **2**개, 10이 **9**개인 수

➡

3

10원짜리 10개 = 100원

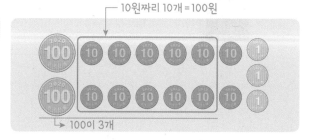

100이 3개

100이 **2**개, 10이 **12**개, 1이 **3**개인 수

➡

6

일 모형 10개 = 십 모형 1개

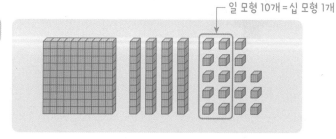

100이 **1**개, 10이 **4**개, 1이 **18**개인 수

➡

지수처럼 수 모형 **5**개를 사용하여 세 자리 수를 만들어 보세요.

세 자리 수가 되려면
백 모형은 꼭 있어야 해!

1

나는 백 모형 1개,
십 모형 4개로
140을 만들었어.

지수

➡ __140__

3

➡ _____

2

➡ _____

4

➡ _____

빈칸에 알맞은 수를 써넣으세요.

1 100이 **4**개
10이 **5**개 — 이면

백	십	일
4	5	7

1이 **7**개

100이 4개 →	4	0	0
10이 5개 →		5	0
1이 7개 →			7
	4	5	7

2 100이 **1**개
10이 **8**개 — 이면
1이 **6**개

3 100이 **7**개
10이 **9**개 — 이면
1이 **3**개

4 100이 **4**개
10이 **0**개 — 이면
1이 **8**개

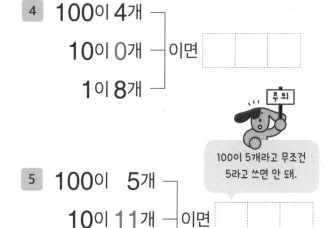
주의
100이 5개라고 무조건
5라고 쓰면 안 돼.

5 100이 **5**개
10이 **11**개 — 이면
1이 **9**개

6 836은
100이 **8** 개
10이 **3** 개
1이 **6** 개

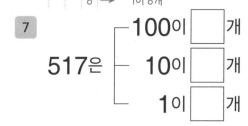

백	십	일
8	3	6

↓

8	0	0	→ 100이 8개
3	0		→ 10이 3개
6			→ 1이 6개

7 517은
100이 개
10이 개
1이 개

8 789는
100이 개
10이 개
1이 개

9 124는
100이 개
10이 개
1이 개

10 310은
100이 개
10이 개
1이 개

1 사탕이 **100개씩 5상자**, **10개씩 7봉지**, **낱개로 1개**
있습니다. 사탕은 모두 몇 개일까요?

┌── 500개   ┌── 70개   ┌── 1개

100개씩 5상자	➡	500개
10개씩 7봉지	➡	70개
낱개 1개	➡	1개
전체 사탕	➡	571개

답 _____

2 공책이 100권씩 2상자, 10권씩 6묶음, 낱개로 9권
있습니다. 공책은 모두 몇 권일까요?

답 _____

3 색종이가 100장씩 7상자, 10장씩 8봉지 있습니다.
색종이는 모두 몇 장일까요?

답 _____

4 과수원에서 딴 귤을 100개씩 6상자에 담았더니 8개
가 남았습니다. 과수원에서 딴 귤은 모두 몇 개일까
요?

답 _____

5 100원짜리 동전이 7개, 10원짜리 동전이 15개 있습
니다. 동전은 모두 얼마일까요?

답 _____

수를 보고 자릿값을 생각하며 빈 곳에 알맞은 수를 써넣으세요.

1

368

100이 3개	10이 6개	1이 8개
300	60	8

숫자가 나타내는 값 →

$368 = \boxed{300} + \boxed{60} + \boxed{8}$

수는 각 자리 숫자가 나타내는 값의 합으로 나타낼 수 있어.

2

534

100이 5개	10이 3개	1이 4개

$534 = \boxed{} + \boxed{} + \boxed{}$

3

222

100이 2개	10이 2개	1이 2개

$222 = \boxed{} + \boxed{} + \boxed{}$

4

197

100이 1개	10이 9개	1이 7개

$197 = \boxed{} + \boxed{} + \boxed{}$

5

910

100이 9개	10이 1개	1이 0개

$910 = \boxed{} + \boxed{} + \boxed{}$

자리의 숫자가 0인 경우 덧셈식에서 생략해도 됩니다.

6

675

100이 6개	10이 7개	1이 5개

$675 = \boxed{} + \boxed{} + \boxed{}$

응용 UP 자릿값 ①

수를 다양한 덧셈식으로 나타내세요.

'='의 왼쪽 수에는 있고,
오른쪽 덧셈식에는 없는 숫자를 찾아봐.

1 $555 = 500 + 50 + \boxed{5}$

$555 = 550 + \boxed{5}$

$555 = 505 + \boxed{50}$

$555 = \boxed{500} + 55$

4 $123 = 100 + \boxed{} + 3$

$123 = 120 + \boxed{}$

$123 = 103 + \boxed{}$

$123 = \boxed{} + 23$

2 $439 = 400 + 30 + \boxed{}$

$439 = 409 + \boxed{}$

$439 = \boxed{} + 39$

$439 = 430 + \boxed{}$

5 $261 = \boxed{} + 60 + 1$

$261 = \boxed{} + 61$

$261 = 260 + \boxed{}$

$261 = 201 + \boxed{}$

3 $875 = 800 + \boxed{} + 5$

$875 = 800 + \boxed{}$

$875 = \boxed{} + 70$

$875 = \boxed{} + 5$

6 $\boxed{} = 300 + 90 + 4$

$394 = 300 + \boxed{}$

$394 = \boxed{} + 90$

$394 = \boxed{} + 4$

수를 보고 □ 안에 알맞은 수를 써넣으세요.

1 **736**에서 ┌ **백**의 자리 숫자는 | 7 |
　　　　　　├ **십**의 자리 숫자는 | |
　　　　　　└ **일**의 자리 숫자는 | |

5 **736**에서 ┌ **7**이 나타내는 값은 | 700 |
　　　　　　├ **3**이 나타내는 값은 | |
　　　　　　└ **6**이 나타내는 값은 | |

2 **104**에서 ┌ **백**의 자리 숫자는 | |
　　　　　　├ **십**의 자리 숫자는 | |
　　　　　　└ **일**의 자리 숫자는 | |

6 **485**에서 ┌ **4**가 나타내는 값은 | |
　　　　　　├ **8**이 나타내는 값은 | |
　　　　　　└ **5**가 나타내는 값은 | |

3 **378**에서 ┌ **일**의 자리 숫자는 | |
　　　　　　├ **십**의 자리 숫자는 | |
　　　　　　└ **백**의 자리 숫자는 | |

7 **517**에서 ┌ **7**이 나타내는 값은 | |
　　　　　　├ **1**이 나타내는 값은 | |
　　　　　　└ **5**가 나타내는 값은 | |

4 **962**에서 ┌ **일**의 자리 숫자는 | |
　　　　　　├ **십**의 자리 숫자는 | |
　　　　　　└ **백**의 자리 숫자는 | |

8 **693**에서 ┌ **3**이 나타내는 값은 | |
　　　　　　├ **9**가 나타내는 값은 | |
　　　　　　└ **6**이 나타내는 값은 | |

조건 을 만족하는 수가 적힌 공만 나오는 기계입니다. 나온 공에 알맞은 수를 쓰세요.

1

조건
십의 자리 숫자가 8인 공

586	869	148
938	857	389

586 ◯

3

조건
숫자 4가 400을 나타내는 공

243	846	194
450	304	461

◯ ◯

2

조건
백의 자리 숫자가 1인 공

100	310	641
196	951	213

◯ ◯

4

조건
숫자 7이 70을 나타내는 공

807	748	972
756	173	417

◯ ◯

밑줄 친 숫자는 어느 자리 숫자이고, 얼마를 나타내는지 쓰세요.

1 9<u>5</u>2 ➡ 십 의 자리 숫자, 50

9 <u>4</u>15 ➡ □ 의 자리 숫자, □

2 <u>1</u>83 ➡ □ 의 자리 숫자, □

10 82<u>7</u> ➡ □ 의 자리 숫자, □

3 50<u>3</u> ➡ □ 의 자리 숫자, □

11 3<u>6</u>2 ➡ □ 의 자리 숫자, □

4 <u>2</u>34 ➡ □ 의 자리 숫자, □

12 74<u>5</u> ➡ □ 의 자리 숫자, □

5 81<u>6</u> ➡ □ 의 자리 숫자, □

13 <u>5</u>70 ➡ □ 의 자리 숫자, □

6 3<u>9</u>8 ➡ □ 의 자리 숫자, □

14 2<u>1</u>7 ➡ □ 의 자리 숫자, □

7 <u>7</u>69 ➡ □ 의 자리 숫자, □

15 64<u>8</u> ➡ □ 의 자리 숫자, □

8 6<u>2</u>1 ➡ □ 의 자리 숫자, □

16 <u>9</u>03 ➡ □ 의 자리 숫자, □

---

1 백의 자리 숫자가 4, 십의 자리 숫자가 5, 일의 자리
숫자가 2인 세 자리 수를 쓰세요.

답

백	십	일

---

2 백의 자리 숫자가 6, 십의 자리 숫자가 0, 일의 자리
숫자가 7인 세 자리 수를 쓰세요.

답

---

3 일의 자리 숫자가 9, 십의 자리 숫자가 2, 백의 자리
숫자가 1인 세 자리 수를 쓰세요.

답

---

4 백의 자리 숫자가 8인 세 자리 수 중에서 895보다
큰 수는 모두 몇 개일까요?

답 _____

---

5 다음 조건을 모두 만족하는 세 자리 수를 구하세요.

- 백의 자리 숫자는 3입니다.
- 십의 자리 숫자는 백의 자리 숫자보다 2만큼 더 큽니다.
- 일의 자리 숫자는 십의 자리 숫자보다 1만큼 더 작습니다.

답 _____

뛰어서 세는 규칙을 찾아 빈칸에 알맞은 수를 써넣으세요.

1
100씩
| 300 | 400 | 500 | 600 | 700 | | |

2
| 245 | 255 | 265 | | | | |

3
| 852 | 853 | 854 | | | | |

4
| 940 | 950 | | | 980 | | |

5
| | | 775 | 774 | 773 | | |

6
| 163 | | 363 | | 563 | | 763 |

7
| 409 | | | 439 | | 459 | |

1 435에서 출발하여 100씩 3번 뛰어서 센 수를 구하세요.

435 - 535 - 635 - ?

답 _____

2 300에서 출발하여 1씩 5번 뛰어서 센 수를 구하세요.

답 _____

3 700에서 출발하여 10씩 4번 뛰어서 센 수를 구하세요.

답 _____

4 250에서 출발하여 10씩 거꾸로 5번 뛰어서 센 수를 구하세요.

답 _____

5 624에서 출발하여 100씩 거꾸로 4번 뛰어서 센 수를 구하세요.

답 _____

DAY 9

크기 비교① 두 수의 크기 비교

연산 up

두 수의 크기를 비교하여 ○ 안에 > 또는 <를 알맞게 써넣으세요.

1. 100 (<) 400

   $1<4$

2. 860 ○ 829
3. 502 ○ 394
4. 127 ○ 129
5. 465 ○ 456
6. 559 ○ 554
7. 617 ○ 618
8. 707 ○ 782
9. 368 ○ 360
10. 463 ○ 615
11. 168 ○ 148
12. 925 ○ 952
13. 277 ○ 279
14. 324 ○ 424
15. 231 ○ 206
16. 804 ○ 806

1 동우는 줄넘기를 **158**번, 현수는 **171**번 넘었습니다.
줄넘기를 더 많이 넘은 사람은 누구일까요?

답 _____

2 준하는 밤을 **198**개 줍고, 효기는 **203**개 주웠습니다.
밤을 더 적게 주운 사람은 누구일까요?

답 _____

3 도서관에 동화책이 **515**권, 백과사전이 **510**권 있습니다.
동화책과 백과사전 중 더 많은 것은 무엇일까요?

답 _____

4 크림빵은 **950**원이고, 단팥빵은 **850**원입니다.
크림빵과 단팥빵 중에서 더 싼 것은 무엇일까요?

답 _____

'cm'는 길이의 단위로 '센티미터'라고 읽어요.

5 종호의 키는 **131 cm**이고, 은재의 키는 **137 cm**입니다.
누구의 키가 더 클까요?

답 _____

수의 크기를 비교하여 가장 큰 수에 ○표, 가장 작은 수에 △표 하세요.

1
❶ 백의 자리를 비교하면 183이 가장 작아요.

236 296 183
❷ 십의 자리를 비교하면 236 < 296이에요.

7 809 873 863 870

2 657 598 689

8 197 173 162 182

3 719 818 917

9 259 631 472 814

4 542 549 540

10 815 819 817 812

5 435 485 455

11 676 767 802 599

6 131 112 119

12 298 274 315 309

1 각 나라를 대표하는 고층 건물이 그려진 엽서가 5장 있습니다.
건물의 높이를 보고, 높은 건물부터 순서대로 ◯ 안에 번호를 쓰세요.

N서울타워	에펠탑	CN타워	스카이트리	상하이타워
237 m	324 m	553 m	634 m	632 m

2 친구들의 키를 적어 놓은 종이입니다.
친구들이 서 있는 모습을 보고, 친구들의 키를 찾아 연결해 주세요.

123 cm 125 cm 119 cm 117 cm 120 cm

세 자리 수 활용 ① □가 있는 수의 크기 비교

□ 안에 들어갈 수 있는 수를 모두 찾아 ○표 하세요.

1부터 차례로 수를 넣어 보면 139 < 359
239 < 359
339 < 359
439 > 359

1 □39 < 359

① ② ③ ④
⑤ ⑥ ⑦ ⑧ ⑨

5 874 > 87□

⓪ ① ② ③ ④
⑤ ⑥ ⑦ ⑧ ⑨

2 9□4 > 978

⓪ ① ② ③ ④
⑤ ⑥ ⑦ ⑧ ⑨

6 652 < □73

① ② ③ ④
⑤ ⑥ ⑦ ⑧ ⑨

3 2□2 < 259

⓪ ① ② ③ ④
⑤ ⑥ ⑦ ⑧ ⑨

7 143 > 1□5

⓪ ① ② ③ ④
⑤ ⑥ ⑦ ⑧ ⑨

4 31□ > 318

⓪ ① ② ③ ④
⑤ ⑥ ⑦ ⑧ ⑨

8 523 < □08

① ② ③ ④
⑤ ⑥ ⑦ ⑧ ⑨

0부터 9까지의 수 중에서 □ 안에 들어갈 수 있는 수를 모두 쓰세요.

1

23□ > 237

□ > 7

답 _____8, 9_____

2

75□ < 754

답 _____

3

4□7 > 448

답 _____

4

3□2 < 329

답 _____

5

517 < □14

답 _____

6

184 < 1□8

답 _____

7

823 > 8□6

답 _____

8

555 > 55□

답 _____

수 카드 3장을 한 번씩 사용하여 가장 큰 세 자리 수와 가장 작은 세 자리 수를 각각 만드세요.

1 | 1 | 4 | 6 |

큰 숫자부터 차례로

가장 큰 수 | 6 | 4 | 1 |

가장 작은 수 | | | |

작은 숫자부터 차례로

5 | 8 | 2 | 5 | 9 |

4장 중에서 3장만 골라.

가장 큰 수 | | | |

가장 작은 수 | | | |

2 | 5 | 3 | 8 |

가장 큰 수 | | | |

가장 작은 수 | | | |

6 | 6 | 7 | 1 | 3 |

가장 큰 수 | | | |

가장 작은 수 | | | |

3 | 7 | 9 | 4 |

가장 큰 수 | | | |

가장 작은 수 | | | |

7 | 5 | 6 | 2 | 0 |

가장 큰 수 | | | |

가장 작은 수 | | | |

4 | 0 | 1 | 8 |

가장 큰 수 | | | |

가장 작은 수 | | | |

8 | 4 | 0 | 9 | 6 |

가장 큰 수 | | | |

가장 작은 수 | | | |

0은 맨 앞에 올 수 없어.
018은 세 자리 수가 아니거든.

1 수 카드 **3**장을 한 번씩 모두 사용하여
십의 자리 숫자가 **7**인 가장 큰 세 자리 수를 만드세요.

7 **1** **5**

	백	십	일
❶ 십의 자리에 7을 쓰고 ➡		7	
❷ 남은 수 카드를 큰 수부터 쓰면 ➡	5	7	1

답 _____

2 수 카드 **3**장을 한 번씩 모두 사용하여
백의 자리 숫자가 **4**인 가장 작은 세 자리 수를 만드세요.

2 **4** **8**

답 _____

3 수 카드 **4**장 중에서 **3**장을 골라 한 번씩 사용하여
백의 자리 숫자가 **3**인 가장 큰 세 자리 수를 만드세요.

9 **3** **6** **5**

답 _____

4 수 카드 **4**장 중에서 **3**장을 골라 한 번씩 사용하여
십의 자리 숫자가 **5**인 가장 작은 세 자리 수를 만드세요.

0 **5** **2** **4**

답 _____

1   100이 9개, 10이 1개, 1이 7개인 수를 쓰고 읽어 보세요.

쓰기 (   ), 읽기 (   )

2   284를 덧셈식으로 나타내려고 합니다. 빈 곳에 알맞은 수를 써넣으세요.

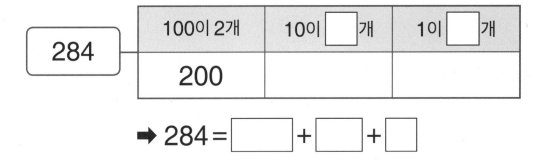

284	100이 2개	10이 ☐개	1이 ☐개
	200		

➡ 284 = ☐ + ☐ + ☐

3   밑줄 친 숫자는 어느 자리 숫자이고, 얼마를 나타내는지 쓰세요.

(1) <u>5</u>73 ➡ ☐ 의 자리 숫자, ☐

(2) 89<u>2</u> ➡ ☐ 의 자리 숫자, ☐

4   뛰어 세는 규칙을 찾아 빈칸에 알맞은 수를 써넣으세요.

751 — 761 — 771 — ☐ — ☐ — ☐ — ☐

5   두 수의 크기를 비교하여 ○ 안에 > 또는 < 를 알맞게 써넣으세요.

(1) 799 ○ 801   (2) 476 ○ 472

6 1부터 9까지의 수 중에서 □ 안에 들어갈 수 있는 수를 모두 쓰세요.

(1) $8\square6 < 851$ ➡ _____

(2) $\square58 > 729$ ➡ _____

7 귤이 100개씩 6상자, 10개씩 5바구니, 낱개로 3개 있습니다. 귤은 모두 몇 개일까요?

(   )

8 백의 자리 숫자가 1, 십의 자리 숫자가 9, 일의 자리 숫자가 2인 세 자리 수를 쓰세요.

(   )

9 제과점에서 일주일 동안 케이크를 198개, 식빵을 204개 팔았습니다.
케이크와 식빵 중에서 더 많이 판 것은 무엇일까요?

(   )

10 수 카드 4장 중에서 3장을 골라 한 번씩 사용하여 십의 자리 숫자가 4인 가장 작은 세 자리 수를 만드세요.

| 1 | 0 | 4 | 9 |

(   )

02
여러 가지 도형

· 학습기록표 ·

학습 일차	학습 내용	날짜	맞은 개수	
			연산	응용
DAY 14	**평면도형 ①** 평면도형의 이름	/	/10	/4
DAY 15	**평면도형 ②** 평면도형의 구성 요소	/	/9	/4
DAY 16	**쌓기나무**	/	/15	/4
DAY 17	**마무리 확인**	/		/9

책상에 붙여 놓고
매일매일 기록해요.

2. 여러 가지 도형

▶ 평면도형의 이름

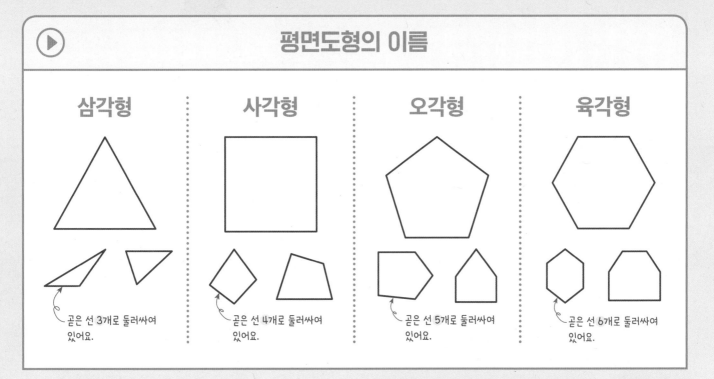

삼각형	사각형	오각형	육각형
곧은 선 3개로 둘러싸여 있어요.	곧은 선 4개로 둘러싸여 있어요.	곧은 선 5개로 둘러싸여 있어요.	곧은 선 6개로 둘러싸여 있어요.

곧은 선으로만 둘러싸인 도형을 다각형이라고 해.
자세한 것은 4학년 2학기에 배울 거야.

▶ 평면도형의 구성 요소 - 꼭짓점, 변

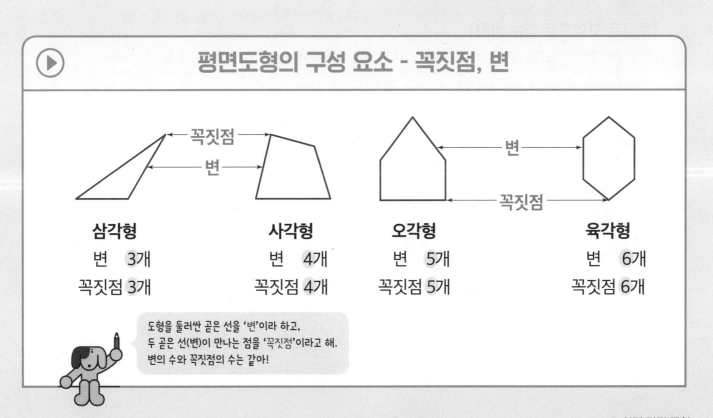

꼭짓점

변

변

꼭짓점

삼각형	사각형	오각형	육각형
변 3개	변 4개	변 5개	변 6개
꼭짓점 3개	꼭짓점 4개	꼭짓점 5개	꼭짓점 6개

도형을 둘러싼 곧은 선을 '변'이라 하고,
두 곧은 선(변)이 만나는 점을 '꼭짓점'이라고 해.
변의 수와 꼭짓점의 수는 같아!

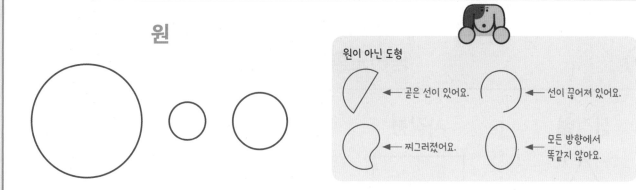

원

원이 아닌 도형

← 곧은 선이 있어요.

← 선이 끊어져 있어요.

← 찌그러졌어요.

← 모든 방향에서
똑같지 않아요.

특징 ① 뾰족한 부분이 없습니다.

② 곧은 선이 없습니다.

③ 길쭉하거나 찌그러진 곳 없이 어느 쪽에서 보아도 똑같이 동그란 모양입니다.

④ 크기는 다르지만 생긴 모양이 서로 같습니다.

 똑같은 모양으로 쌓기

[똑같은 모양으로 쌓는 방법]

① 보는 방향에 따라 모양이 달라 보이므로 앞, 오른쪽 방향을 정합니다.

② 전체적인 모양을 생각하면서 층별로 같은 모양, 같은 개수가 되도록 쌓습니다.

③ 가려져 보이지 않는 쌓기나무가 있는지 다시 한 번 확인합니다.

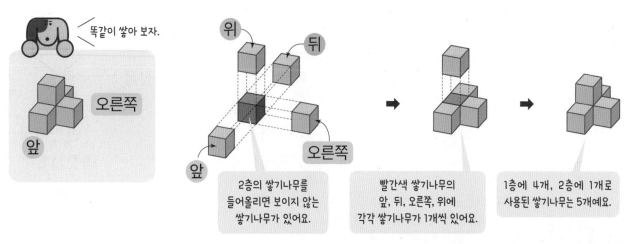

똑같이 쌓아 보자.

오른쪽

앞

위

뒤

오른쪽

앞

2층의 쌓기나무를
들어올리면 보이지 않는
쌓기나무가 있어요.

빨간색 쌓기나무의
앞, 뒤, 오른쪽, 위에
각각 쌓기나무가 1개씩 있어요.

1층에 4개, 2층에 1개로
사용된 쌓기나무는 5개예요.

도형의 이름을 쓰세요.

1 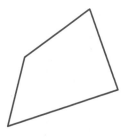   사각형

2 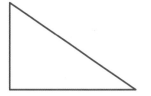 _____

3 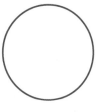 _____

4 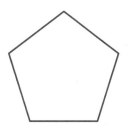 _____

5 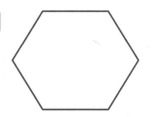 _____

6 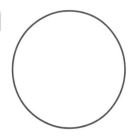 _____

7  _____

8 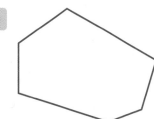 _____

9 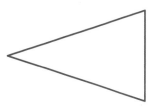 _____

10 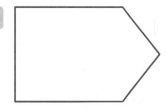 _____

| 크고 작은 도형을 모두 찾는 문제 |

1 도형에서 찾을 수 있는 크고 작은 삼각형은 모두 몇 개일까요?

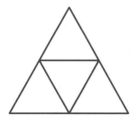

 작은 삼각형 1개짜리부터 4개짜리까지 각각 몇 개인지 나눠서 생각해 봐.

답 _____

3 도형에서 찾을 수 있는 크고 작은 사각형은 모두 몇 개일까요?

답 _____

2 도형에서 찾을 수 있는 크고 작은 삼각형은 모두 몇 개일까요?

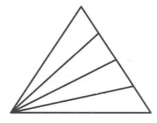

답 _____

4 도형에서 찾을 수 있는 크고 작은 사각형은 모두 몇 개일까요?

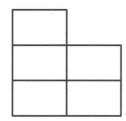

답 _____

도형의 변의 수와 꼭짓점의 수를 각각 쓰세요.

1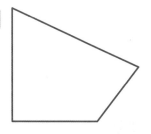

변의 수 ＿＿4＿＿

꼭짓점의 수 ＿＿＿＿

4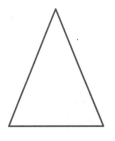

변의 수 ＿＿＿＿

꼭짓점의 수 ＿＿＿＿

7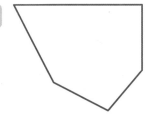

변의 수 ＿＿＿＿

꼭짓점의 수 ＿＿＿＿

2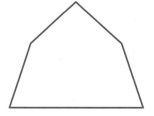

변의 수 ＿＿＿＿

꼭짓점의 수 ＿＿＿＿

5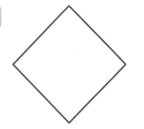

변의 수 ＿＿＿＿

꼭짓점의 수 ＿＿＿＿

8

변의 수 ＿＿＿＿

꼭짓점의 수 ＿＿＿＿

3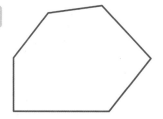

변의 수 ＿＿＿＿

꼭짓점의 수 ＿＿＿＿

6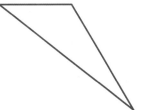

변의 수 ＿＿＿＿

꼭짓점의 수 ＿＿＿＿

9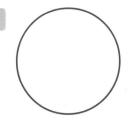

변의 수 ＿＿＿＿

꼭짓점의 수 ＿＿＿＿

1 육각형의 변의 수와 삼각형의 꼭짓점의 수의 합을 구하세요.

(육각형의 변의 수) = 6

(삼각형의 꼭짓점의 수) = ☐

➡ 6 + ☐ = ☐

답 _____

'합'을 구하는 문제니까
덧셈식을 세워!

2 사각형은 오각형보다 꼭짓점이 몇 개 더 적을까요?

답 _____

3 ★과 ♥의 차를 구하세요.

- 사각형의 변은 ★개입니다.
- 육각형의 꼭짓점은 ♥개입니다.

답 _____

4 다음은 어떤 도형에 대한 설명일까요?

- 곧은 선으로 둘러싸여 있습니다.
- 변의 수와 꼭짓점의 수를 더하면 **12**입니다.

답 _____

똑같은 모양으로 쌓으려면 쌓기나무가 몇 개 필요한지 구하세요.

보이지 않는 쌓기나무가 있어. 주의해!

1
2층: 1개
1층: 2개
합: 3개

___3개___

2

_____

3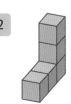

_____

4

_____

5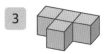

_____

6

_____

7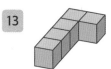

_____

8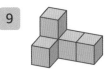

_____

9

_____

10

_____

11

_____

12

_____

13

_____

14

_____

15

_____

설명대로 쌓은 모양을 찾아 ○표 하세요.

1

쌓기나무 3개가 옆으로 나란히 있고, 가운데 쌓기나무의 위에 쌓기나무 1개가 있어요.

 오른쪽 앞
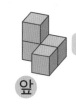 오른쪽 앞
 오른쪽 앞

(   )   (   )   (   )

2

쌓기나무 4개가 옆으로 나란히 있고, 오른쪽에서 두 번째 쌓기나무의 앞에 쌓기나무 1개가 있어요.

 오른쪽 앞
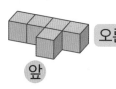 오른쪽 앞
 오른쪽 앞

(   )   (   )   (   )

3

쌓기나무 2개가 위로 쌓여 있고, 1층 쌓기나무의 오른쪽 옆에 쌓기나무 1개가 있어요.

 오른쪽 앞
 오른쪽 앞
  오른쪽 앞

(   )   (   )   (   )

4

쌓기나무가 2개씩 2층으로 나란히 있고, 1층 왼쪽 쌓기나무의 앞에 쌓기나무 1개가 있어요.

 오른쪽 앞
 오른쪽 앞
 오른쪽 앞

(   )   (   )   (   )

1 도형의 이름을 쓰세요.

(1)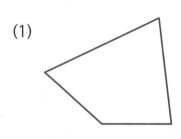

(   )

(2)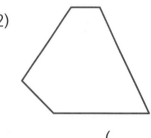

(   )

2 도형의 변의 수와 꼭짓점의 수를 각각 쓰세요.

(1)

변의 수 (   )

꼭짓점의 수 (   )

(2)

변의 수 (   )

꼭짓점의 수 (   )

3 똑같은 모양으로 쌓으려면 쌓기나무가 몇 개 필요한지 구하세요.

(1)

(   )

(2)

(   )

응용
평가 up 마무리 확인

4 도형에서 찾을 수 있는 크고 작은 사각형은 모두 몇 개일까요?

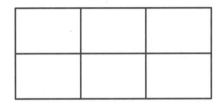

(   )

5 다음은 어떤 도형에 대한 설명일까요?

> • 곧은 선으로 둘러싸인 도형입니다.
> • 삼각형보다 꼭짓점이 2개 더 많습니다.

(   )

6 설명대로 쌓은 모양을 찾아 기호를 쓰세요.

> 쌓기나무 3개가 옆으로 나란히 있고,
> 오른쪽 쌓기나무의 위에 쌓기나무 2개가 있습니다.

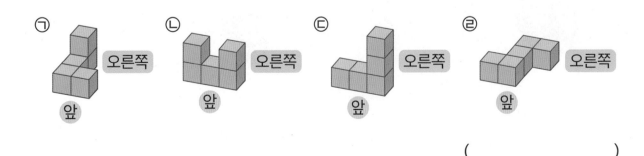

(   )

03

덧셈과 뺄셈(1)

· 학습기록표 ·

학습 일차	학습 내용	날짜	맞은 개수	
			연산	응용
DAY 18	**덧셈①** (두 자리 수)+(한 자리 수) 세로셈	/	/20	/5
DAY 19	**덧셈②** (두 자리 수)+(한 자리 수) 세로셈	/	/20	/9
DAY 20	**덧셈③** (두 자리 수)+(한 자리 수) 가로셈	/	/12	/1
DAY 21	**뺄셈①** (두 자리 수)-(한 자리 수) 세로셈	/	/20	/5
DAY 22	**뺄셈②** (두 자리 수)-(한 자리 수) 세로셈	/	/20	/9
DAY 23	**뺄셈③** (두 자리 수)-(한 자리 수) 가로셈	/	/12	/6
DAY 24	**덧셈과 뺄셈 종합①** (두 자리 수)±(한 자리 수) 세로셈	/	/20	/6
DAY 25	**덧셈과 뺄셈 종합②** (두 자리 수)±(한 자리 수) 가로셈	/	/12	/5
DAY 26	**마무리 확인**	/		/24

책상에 붙여 놓고
매일매일 기록해요.

3. 덧셈과 뺄셈(1)

 (두 자리 수)+(한 자리 수) 계산 원리

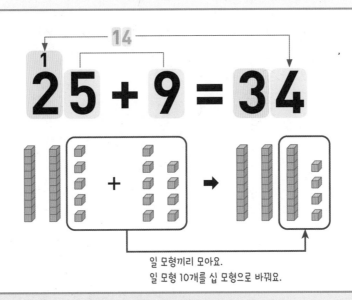

일 모형끼리 모아요.
일 모형 10개를 십 모형으로 바꿔요.

 받아올림이란?
같은 자리 수끼리의 합이 10이거나 10보다 크면 10만큼을 바로 윗자리로 줘야 해.
이것을 받아올림이라고 해.
즉, 일 모형 10개를 십 모형 1개로 바꾸는 거야.
그럼 일 모형은 10개가 줄고, 십 모형은 1개가 늘어나게 되지.

 (두 자리 수)+(한 자리 수) 세로셈

❶ 같은 자리끼리 한 줄로 써요.

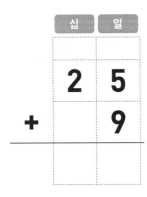

❷ 일의 자리 먼저 계산해요.

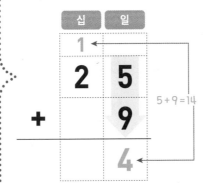

5+9=14

❸ 십의 자리를 계산해요.

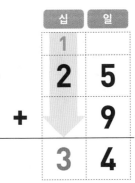

받아올림한 수 1을
잊지말고 꼭 더해야 해.

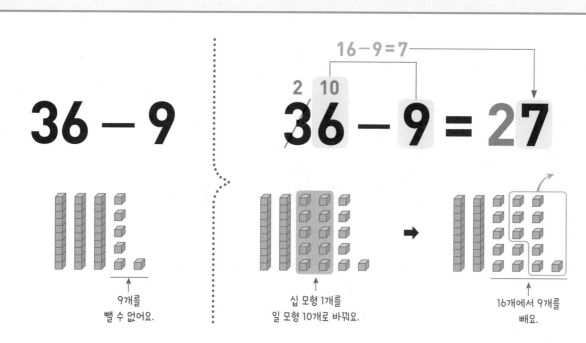

$$36 - 9$$

9개를
뺄 수 없어요.

16−9=7

$$\overset{2\ 10}{\cancel{3}6} - 9 = 27$$

십 모형 1개를
일 모형 10개로 바꿔요.

16개에서 9개를
빼요.

같은 자리끼리 뺄 수 없을 때 바로 윗자리에서 10만큼을 빌려 와.
이것을 받아내림이라고 해.
십 모형 1개를 일 모형 10개로 바꿔서 일 모형에게 주는 거야.

 (두 자리 수) − (한 자리 수) 세로셈

❶ 같은 자리끼리 써요.

십	일
3	6
−	9

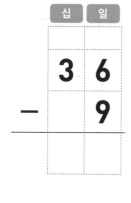

❷ 일의 자리 계산

십	일
2	10
$\cancel{3}$	6
−	9

6에서 9를 뺄 수 없으니
받아내림해요.

십	일
2	10
$\cancel{3}$	6	16
−	9
	7

16−9=7

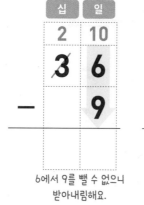

❸ 십의 자리 계산

십	일
2	10
$\cancel{3}$	6
−	9
2	7

받아내림하고
남은 수를 써요.

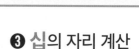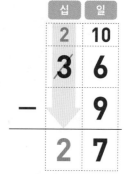

받아올림이 없는 문제도
섞여 있어. 주의해!

1

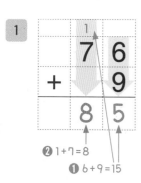

❷ 1+7=8
❶ 6+9=15

6
```
    2 9
+     2
```

11
```
    1 9
+     9
```

16
```
      1
+   4 6
```

2
```
    6 3
+     8
```

7
```
    3 7
+     7
```

12
```
    7 8
+     8
```

17
```
      4
+   9 4
```

3
```
    2 5
+     7
```

8
```
    8 3
+     6
```

13
```
    4 5
+     5
```

18
```
      9
+   2 5
```

4
```
    5 6
+     2
```

9
```
    6 8
+     5
```

14
```
    9 6
+     6
```

19
```
      3
+   8 9
```

5
```
    8 3
+     7
```

10
```
    9 5
+     9
```

15
```
    3 4
+     5
```

20
```
      7
+   6 5
```

1 두 수 49와 7의 합을 구하세요.

'합'을 구하라는 말은 주어진 수끼리 더했을 때의 값을 구하라는 말이야.

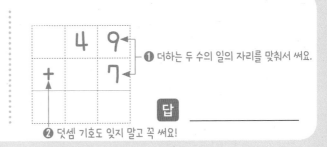

❶ 더하는 두 수의 일의 자리를 맞춰서 써요.

답 _____

❷ 덧셈 기호도 잊지 말고 꼭 써요!

2 53보다 9 더 큰 수를 구하세요.

답 _____

3 딸기 우유가 8개, 초코 우유가 27개 있습니다.
우유는 모두 몇 개일까요?

답 _____

4 성현이는 줄넘기를 79번 넘었고,
종민이는 성현이보다 8번 더 많이 넘었습니다.
종민이는 줄넘기를 몇 번 넘었을까요?

답 _____

5 이모는 27살입니다.
삼촌은 이모보다 3살 더 많습니다.
삼촌은 몇 살일까요?

답 _____

받아올림에 주의해서
일의 자리부터 계산해요.

1
```
   5 6
 +   7
   6 3
```

2
```
   3 3
 +   4
```

3
```
   2 1
 +   9
```

4
```
   8 5
 +   8
```

5
```
   6 9
 +   7
```

6
```
   2 8
 +   9
```

7
```
   7 6
 +   6
```

8
```
   8 7
 +   4
```

9
```
   9 9
 +   9
```

10
```
   3 2
 +   9
```

11
```
   7 5
 +   6
```

12
```
   5 8
 +   7
```

13
```
   4 4
 +   5
```

14
```
   1 7
 +   3
```

15
```
   9 2
 +   7
```

16
```
     4
 + 1 8
```

17
```
     9
 + 6 6
```

18
```
     6
 + 3 6
```

19
```
     8
 + 4 3
```

20
```
     5
 + 5 5
```

응용 UP 덧셈②

□ 안에 알맞은 수를 써넣어 덧셈식을 완성하세요.

1

$$
\begin{array}{r}
2\ \boxed{6} \\
+\ \ 7 \\
\hline
3\ 3
\end{array}
$$

2에서 3으로 바뀌었어.
일의 자리에서 받아올림이
있다는 뜻!

└ □+7=13
7과 더해서 13이
되는 수는?

4

$$
\begin{array}{r}
4\ 3 \\
+\ \ \boxed{\ } \\
\hline
5\ 0
\end{array}
$$

7

$$
\begin{array}{r}
\boxed{\ }\ 3 \\
+\ \ 2 \\
\hline
4\ \boxed{\ }
\end{array}
$$

2

$$
\begin{array}{r}
8\ \boxed{\ } \\
+\ \ 4 \\
\hline
9\ 2
\end{array}
$$

5

$$
\begin{array}{r}
1\ 8 \\
+\ \ \boxed{\ } \\
\hline
\boxed{\ }\ 6
\end{array}
$$

8

$$
\begin{array}{r}
\boxed{\ }\ 7 \\
+\ \ 7 \\
\hline
7\ \boxed{\ }
\end{array}
$$

3

$$
\begin{array}{r}
7\ 6 \\
+\ \ \boxed{\ } \\
\hline
8\ 1
\end{array}
$$

6

$$
\begin{array}{r}
3\ \boxed{\ } \\
+\ \ 2 \\
\hline
3\ 8
\end{array}
$$

9

$$
\begin{array}{r}
2\ \boxed{\ } \\
+\ \ 5 \\
\hline
\boxed{\ }\ 4
\end{array}
$$

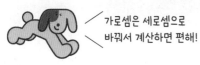
가로셈은 세로셈으로
바꿔서 계산하면 편해!

1 48 + 5 = 53

5 39 + 4 =

9 86 + 7 =

2 12 + 9 =

6 65 + 7 =

10 49 + 9 =

3 26 + 8 =

7 54 + 8 =

11 66 + 6 =

4 3 + 97 =

8 5 + 76 =

12 2 + 29 =

곰은 누구를 만나러 가는 길일까요? 합이 맞는 길을 따라가세요.

출발

43 + 9

42

8 + 57

65   사슴

52

7 + 26

33

137

여우

93

84 + 9

96

72

13 + 7

20

95

74 + 8

87

83 + 4

97   호랑이

6 + 35

82

41   64

92

69 + 5

74   사자

토끼

답 _____

❶ 십의 자리에서 10을 받아내림해요.

받아내림이 없는 문제도 섞여 있어. 주의해!

1
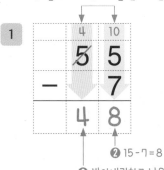

$$\begin{array}{r} \,^4 5\,^{10}5 \\ -\ \ 7 \\ \hline 4\ 8 \end{array}$$

❷ 15-7=8

❸ 받아내림하고 남은 수를 써요.

6
$$\begin{array}{r} 7\ 9 \\ -\ \ 4 \\ \hline \end{array}$$

11
$$\begin{array}{r} 2\ 7 \\ -\ \ 6 \\ \hline \end{array}$$

16
$$\begin{array}{r} 1\ 4 \\ -\ \ 9 \\ \hline \end{array}$$

2
$$\begin{array}{r} 6\ 6 \\ -\ \ 9 \\ \hline \end{array}$$

7
$$\begin{array}{r} 8\ 1 \\ -\ \ 4 \\ \hline \end{array}$$

12
$$\begin{array}{r} 9\ 4 \\ -\ \ 8 \\ \hline \end{array}$$

17
$$\begin{array}{r} 3\ 0 \\ -\ \ 5 \\ \hline \end{array}$$

3
$$\begin{array}{r} 7\ 0 \\ -\ \ 8 \\ \hline \end{array}$$

8
$$\begin{array}{r} 5\ 3 \\ -\ \ 6 \\ \hline \end{array}$$

13
$$\begin{array}{r} 3\ 3 \\ -\ \ 5 \\ \hline \end{array}$$

18
$$\begin{array}{r} 4\ 7 \\ -\ \ 8 \\ \hline \end{array}$$

4
$$\begin{array}{r} 4\ 5 \\ -\ \ 5 \\ \hline \end{array}$$

9
$$\begin{array}{r} 6\ 8 \\ -\ \ 9 \\ \hline \end{array}$$

14
$$\begin{array}{r} 5\ 2 \\ -\ \ 7 \\ \hline \end{array}$$

19
$$\begin{array}{r} 7\ 1 \\ -\ \ 2 \\ \hline \end{array}$$

5
$$\begin{array}{r} 8\ 3 \\ -\ \ 9 \\ \hline \end{array}$$

10
$$\begin{array}{r} 9\ 0 \\ -\ \ 1 \\ \hline \end{array}$$

15
$$\begin{array}{r} 6\ 4 \\ -\ \ 5 \\ \hline \end{array}$$

20
$$\begin{array}{r} 2\ 5 \\ -\ \ 8 \\ \hline \end{array}$$

1 두 수 82와 6의 **차**를 구하세요.

'차'를 구하라는 말은
큰 수에서 작은 수를 뺀 값을 구하라는 말이야.

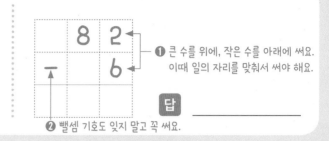

❶ 큰 수를 위에, 작은 수를 아래에 써요.
이때 일의 자리를 맞춰서 써야 해요.

답 _____

❷ 뺄셈 기호도 잊지 말고 꼭 써요.

2 31보다 4 더 작은 수를 구하세요.

답 _____

3 빵집에 식빵이 8개, 크림빵이 43개 있습니다.
크림빵은 식빵보다 몇 개 더 많을까요?

답 _____

4 한 달 동안 현수는 동화책을 84권 읽었고,
민정이는 현수보다 5권 더 적게 읽었습니다.
민정이가 읽은 동화책은 몇 권일까요?

답 _____

5 초콜릿 25개 중에서 7개를 먹었습니다.
남은 초콜릿은 몇 개일까요?

남은 것을 구할 때에는
처음 있던 것에서 줄어든 만큼을 빼면 돼.

답 _____

받아내림에 주의해서
일의 자리부터 계산해요.

1

```
  7  10
  8  4
-    8
  7  6
```

2

```
  9  3
-    6
```

3

```
  4  2
-    7
```

4

```
  7  0
-    7
```

5

```
  8  6
-    2
```

6

```
  7  5
-    9
```

7

```
  6  0
-    3
```

8

```
  8  1
-    4
```

9

```
  5  4
-    6
```

10

```
  9  8
-    9
```

11

```
  6  2
-    4
```

12

```
  3  3
-    9
```

13

```
  9  5
-    6
```

14

```
  2  1
-    5
```

15

```
  4  2
-    8
```

16

```
  2  7
-    9
```

17

```
  5  1
-    7
```

18

```
  6  4
-    3
```

19

```
  9  0
-    9
```

20

```
  7  3
-    5
```

□ 안에 알맞은 수를 써넣어 뺄셈식을 완성하세요.

1
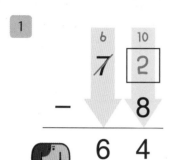
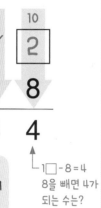

$$
\begin{array}{ccc}
 & \cancel{7}^{\,6} & \boxed{2}^{\,10} \\
- & & 8 \\
\hline
 & 6 & 4
\end{array}
$$

7에서 6으로 바뀌었어.
일의 자리로 받아내림이
있다는 뜻!

1□ − 8 = 4
8을 빼면 4가
되는 수는?

4

$$
\begin{array}{ccc}
 & 4 & 5 \\
- & & \boxed{} \\
\hline
 & 3 & 6
\end{array}
$$

7

$$
\begin{array}{ccc}
 & \boxed{} & 4 \\
- & & 7 \\
\hline
 & 5 & \boxed{}
\end{array}
$$

2

$$
\begin{array}{ccc}
 & 8 & \boxed{} \\
- & & 4 \\
\hline
 & 8 & 2
\end{array}
$$

5

$$
\begin{array}{ccc}
 & 9 & 6 \\
- & & \boxed{} \\
\hline
 & \boxed{} & 8
\end{array}
$$

8

$$
\begin{array}{ccc}
 & \boxed{} & 7 \\
- & & 3 \\
\hline
 & 2 & \boxed{}
\end{array}
$$

3

$$
\begin{array}{ccc}
 & 5 & 3 \\
- & & \boxed{} \\
\hline
 & 4 & 7
\end{array}
$$

6

$$
\begin{array}{ccc}
 & 3 & \boxed{} \\
- & & 2 \\
\hline
 & 2 & 8
\end{array}
$$

9

$$
\begin{array}{ccc}
 & 4 & \boxed{} \\
- & & 6 \\
\hline
 & \boxed{} & 5
\end{array}
$$

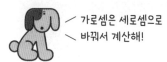
가로셈은 세로셈으로
바꿔서 계산해!

1 $45-8=37$

	4	5
−		8
	3	7

5 $51-3=$

9 $62-5=$

2 $22-9=$

6 $60-2=$

10 $43-9=$

3 $93-7=$

7 $84-5=$

11 $58-6=$

4 $75-6=$

8 $31-8=$

12 $20-1=$

응용 UP 뺄셈 ③

□ 안에 풍선에 쓰인 숫자를 한 번씩 써넣어 뺄셈식을 완성하세요.

가장 먼저
십의 자리를 생각해 봐!

1

풍선: 1 5 9

```
  5   1
-     9
─────────
계산
결과  4   2
```

계산 결과가 42이므로
빼지는 수는 1□, 9□가
될 수 없습니다.

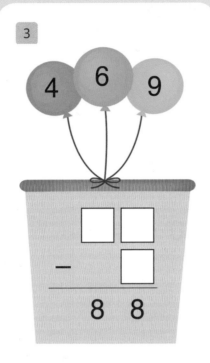

3

풍선: 4 6 9

```
  □   □
-     □
─────────
  8   8
```

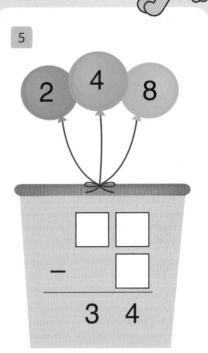

5

풍선: 2 4 8

```
  □   □
-     □
─────────
  3   4
```

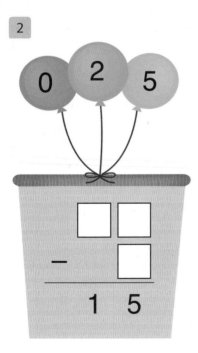

2

풍선: 0 2 5

```
  □   □
-     □
─────────
  1   5
```

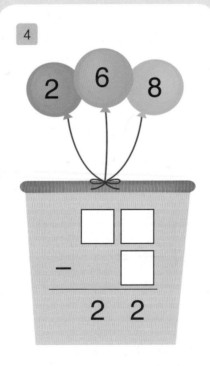

4

풍선: 2 6 8

```
  □   □
-     □
─────────
  2   2
```

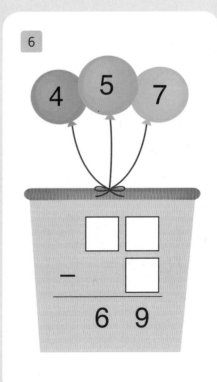

6

풍선: 4 5 7

```
  □   □
-     □
─────────
  6   9
```

❶ 덧셈인지, 뺄셈인지 잘 보고
❷ 일의 자리부터 계산해요.

1
```
    3 9
+     4
```

6
```
    7 2
−     7
```

11
```
    8 7
+     5
```

16
```
    3 6
−     8
```

2
```
    8 0
−     9
```

7
```
    9 4
+     6
```

12
```
    6 3
−     6
```

17
```
    4 9
+     8
```

3
```
    5 3
+     8
```

8
```
    3 4
−     9
```

13
```
    7 8
+     7
```

18
```
    4 2
−     4
```

4
```
    4 5
−     9
```

9
```
    6 5
+     9
```

14
```
    9 1
−     5
```

19
```
    8 4
+     9
```

5
```
    2 7
+     7
```

10
```
    5 6
−     4
```

15
```
    1 5
+     6
```

20
```
    6 5
−     9
```

응용 UP 덧셈과 뺄셈 종합①

□ 안에 알맞은 수를 써넣으세요.

1

전체를 구할 때에는 부분과 부분을 더해.
□ = 18 + 5

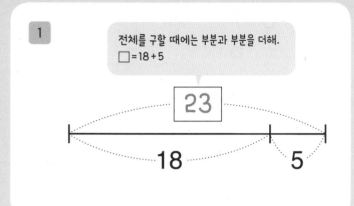

4

부분을 구할 때에는 전체에서 다른 부분을 빼.
□ = 31 - 9

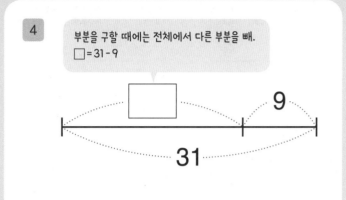

2

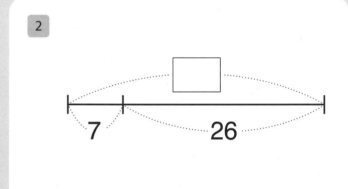

5

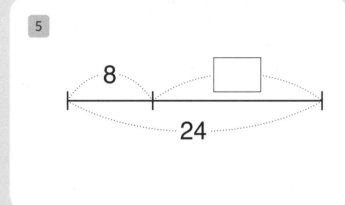

3

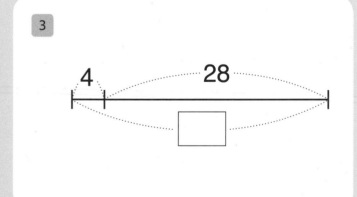

6

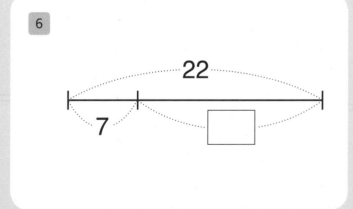

전체를 구할 때에는 (덧셈 , 뺄셈)으로,
부분을 구할 때에는 (덧셈 , 뺄셈)으로 계산하는구나.

DAY 25

덧셈과 뺄셈 종합②

(두 자리 수)±(한 자리 수) 가로셈

연산 up

❶ 덧셈인지, 뺄셈인지 잘 보고

❷ 등호 옆에 계산 결과를 써요.

1 76+8=

	7	6
+		8

5 43−4=

9 3+59=

2 61−5=

6 17+6=

10 97−9=

3 93+8=

7 52−8=

11 2+49=

4 28−9=

8 68+6=

12 75−7=

응용 Up 덧셈과 뺄셈 종합②

 덧셈 문장제인지, 뺄셈 문장제인지 잘 구별해야 해.

---

1 하준이네 학교 **1**학년 학생은 **74**명이고, **2**학년 학생은 **1**학년 학생보다 **7**명 더 많습니다. 하준이네 학교 **2**학년 학생은 몇 명일까요?

└ 덧셈일까요, 뺄셈일까요?

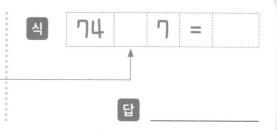

식 ☐ 74 ☐ 7 = ☐

답 _____

---

2 버스에 **34**명이 타고 있었는데 **9**명이 내렸습니다. 지금 버스에 타고 있는 사람은 몇 명일까요?

식

답 _____

---

3 초콜릿을 현철이는 **25**개 가지고 있고, 누나는 현철이보다 **6**개 더 적게 가지고 있습니다. 누나가 가지고 있는 초콜릿은 몇 개일까요?

식

답 _____

---

4 도서관에서 동화책 **42**권과 학습만화책 **8**권을 새로 샀습니다. 도서관에서 새로 산 책은 모두 몇 권일까요?

식

답 _____

---

5 주차장에 자동차가 **46**대, 자전거가 **7**대 있습니다. 자동차와 자전거 중에서 어느 것이 몇 대 더 많이 있을까요?

식

답 _____ , _____

1 계산을 하세요.

(1)
$$\begin{array}{r} 8\ 2 \\ +\quad 9 \\ \hline \end{array}$$

(2)
$$\begin{array}{r} 2\ 7 \\ +\quad 6 \\ \hline \end{array}$$

(3)
$$\begin{array}{r} 1\ 9 \\ +\quad 5 \\ \hline \end{array}$$

(4)
$$\begin{array}{r} 5\ 6 \\ -\quad 9 \\ \hline \end{array}$$

(5)
$$\begin{array}{r} 9\ 0 \\ -\quad 3 \\ \hline \end{array}$$

(6)
$$\begin{array}{r} 6\ 2 \\ -\quad 8 \\ \hline \end{array}$$

(7)
$$\begin{array}{r} 3\ 8 \\ +\quad 4 \\ \hline \end{array}$$

(8)
$$\begin{array}{r} 7\ 1 \\ -\quad 6 \\ \hline \end{array}$$

(9)
$$\begin{array}{r} 4\ 3 \\ +\quad 7 \\ \hline \end{array}$$

2 계산을 하세요.

(1) $35+7=$

(2) $59+4=$

(3) $6+28=$

(4) $23-6=$

(5) $85-9=$

(6) $72-6=$

(7) $94-5=$

(8) $5+46=$

(9) $60-8=$

3 □ 안에 알맞은 수를 써넣으세요.

(1)
```
  5 □
+   3
─────
  6 2
```

(2)
```
  7 □
−   7
─────
  6 7
```

4 □ 안에 알맞은 수를 써넣으세요.

(1)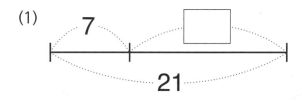

(2)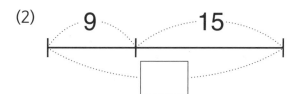

5 어느 빵집에서 빵을 어제는 62개 팔고, 오늘은 어제보다 9개 더 많이 팔았습니다.
이 빵집에서 오늘 판 빵은 몇 개일까요?

식 _____ 답 _____

6 주예는 쿠키를 40개 만들어서 4개를 먹었습니다.
주예에게 남은 쿠키는 몇 개일까요?

식 _____ 답 _____

04

덧셈과 뺄셈 (2)

책상에 붙여 놓고
매일매일 기록해요.

학습 일차	학습 내용	날짜	맞은 개수	
			연산	응용
DAY 27	덧셈① (두 자리 수)+(두 자리 수) 세로셈	/	/20	/5
DAY 28	덧셈② (두 자리 수)+(두 자리 수) 세로셈	/	/20	/5
DAY 29	덧셈③ (두 자리 수)+(두 자리 수) 가로셈	/	/12	/9
DAY 30	뺄셈① (두 자리 수)-(두 자리 수) 세로셈	/	/20	/5
DAY 31	뺄셈② (두 자리 수)-(두 자리 수) 세로셈	/	/20	/5
DAY 32	뺄셈③ (두 자리 수)-(두 자리 수) 가로셈	/	/12	/9
DAY 33	덧셈과 뺄셈 종합① (두 자리 수)±(두 자리 수) 세로셈	/	/20	/8
DAY 34	덧셈과 뺄셈 종합② (두 자리 수)±(두 자리 수) 세로셈	/	/20	/5
DAY 35	덧셈과 뺄셈 종합③ (두 자리 수)±(두 자리 수) 가로셈	/	/12	/4
DAY 36	덧셈과 뺄셈 활용① 덧셈과 뺄셈의 관계	/	/8	/4
DAY 37	덧셈과 뺄셈 활용② 덧셈식에서 □의 값 구하기	/	/14	/6
DAY 38	덧셈과 뺄셈 활용③ 뺄셈식에서 □의 값 구하기	/	/14	/5
DAY 39	세 수의 계산① 세 수의 덧셈, 뺄셈 계산 순서	/	/8	/14
DAY 40	세 수의 계산② 세 수의 덧셈과 뺄셈	/	/10	/5
DAY 41	마무리 확인	/		/19

4. 덧셈과 뺄셈(2)

▶ (두 자리 수)+(두 자리 수)

❶ 같은 자리끼리 한 줄로!

십	일
3	9
+ 8	6

❷ 일의 자리 계산

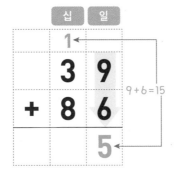

9+6=15

❸ 십의 자리 계산

	십	일
	1	1
	3	9
+	8	6
1	2	5

1+3+8=12

십의 자리 계산에서 받아올림이 있으면 백의 자리에 써.

▶ (두 자리 수)-(두 자리 수)

❶ 같은 자리끼리!

십	일
6	2
- 4	9

❷ 일의 자리 계산

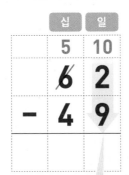

2에서 9를 뺄 수 없으니 받아내림해요.

12-9=3

❸ 십의 자리 계산

십	일
5	10
6̸	2
- 4	9
1	3

5-4=1

받아내림하고 남은 수에서 빼요.

덧셈과 뺄셈의 관계

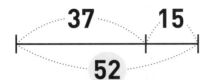

덧셈식을 뺄셈식으로

37   15

52

$$37 + 15 = 52$$

→ $52 - 15 = 37$

→ $52 - 37 = 15$

가장 큰 수에서 한 수를 빼면 다른 수가 돼요.

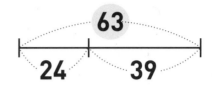

뺄셈식을 덧셈식으로

63

24   39

$$63 - 39 = 24$$

→ $24 + 39 = 63$

→ $39 + 24 = 63$

가장 큰 수는 다른 두 수의 합이에요.

세 수의 계산

세 수의 계산은 **앞에서부터** 두 수씩 차례로 계산합니다.

$$16 + 7 + 19 = 42$$
❶ 23
❷ 42

$$40 - 14 + 7 = 33$$
❶ 26
❷ 33

$$72 - 36 - 28 = 8$$
❶ 36
❷ 8

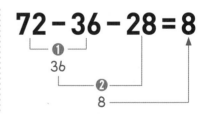

덧셈만 있을 때는 순서를 바꿔도 괜찮아.
그런데 뺄셈이 있을 때에는 계산 순서가 바뀌면
틀린 답이 나오니까 절대로 바꾸면 안 돼. 주의해!

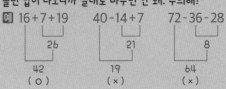

예 16 + 7 + 19   40 - 14 + 7   72 - 36 - 28
        26   21   8
        42   19   64
       (○)   (×)   (×)

덧셈 ① (두 자리 수)+(두 자리 수) 세로셈

연산 up

일의 자리에서
받아올림이 있는 경우

십의 자리에서
받아올림이 있는 경우

받아올림이
2번 있는 경우

1
```
  1
  2 6
+ 5 8
─────
  8 4
```
↑ ← ❶ 6+8=14
↑ ❷ 1+2+5=8

6
```
  5 3
+ 8 6
─────
```

11
```
  9 4
+ 4 9
─────
```

16
```
  4 8
+ 4 8
─────
```

2
```
  1 7
+ 4 5
─────
```

7
```
  6 4
+ 6 3
─────
```

12
```
  4 6
+ 7 4
─────
```

17
```
  3 4
+ 9 2
─────
```

3
```
  3 9
+ 3 9
─────
```

8
```
  2 7
+ 8 2
─────
```

13
```
  8 5
+ 7 8
─────
```

18
```
  6 0
+ 7 0
─────
```

4
```
  6 3
+ 2 8
─────
```

9
```
  7 2
+ 9 0
─────
```

14
```
  6 6
+ 5 5
─────
```

19
```
  5 3
+ 5 9
─────
```

5
```
  2 9
+ 2 7
─────
```

10
```
  9 8
+ 8 1
─────
```

15
```
  5 9
+ 4 6
─────
```

20
```
  8 7
+ 8 7
─────
```

1 두 수 37과 57의 합을 구하세요.

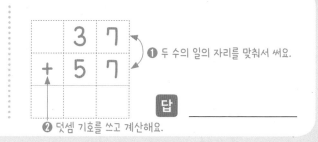

❶ 두 수의 일의 자리를 맞춰서 써요.

답 _____

❷ 덧셈 기호를 쓰고 계산해요.

2 두 수 82와 75의 합을 구하세요.

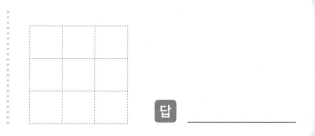

답 _____

3 딸기를 슬기는 48개 땄고, 다예는 36개 땄습니다. 두 사람이 딴 딸기는 모두 몇 개일까요?

답 _____

4 지우는 사탕 35개와 초콜릿 95개를 샀습니다. 지우가 산 사탕과 초콜릿은 모두 몇 개일까요?

답 _____

'kg'은 무게의 단위로 '킬로그램'이라고 읽어요.

5 채은이의 몸무게는 29 kg이고, 채은이네 강아지의 무게는 12 kg입니다. 채은이가 강아지를 안고 무게를 재면 몇 kg이 될까요?

답 _____

빨간색 모형의 수는 파란색 모형의 수의 몇 배인지 구하고, 곱셈식으로 나타내세요.

1

← 2개

2개씩 4묶음

8은 2의 **4** 배

➡ 2 × **4** = **8**

5

14는 ☐ 의 ☐ 배

➡ ☐ × ☐ = ☐

2

9는 3의 ☐ 배

➡ 3 × ☐ = ☐

6

12는 ☐ 의 ☐ 배

➡ ☐ × ☐ = ☐

3

8은 4의 ☐ 배

➡ 4 × ☐ = ☐

7

15는 ☐ 의 ☐ 배

➡ ☐ × ☐ = ☐

4

10은 5의 ☐ 배

➡ 5 × ☐ = ☐

8

16은 ☐ 의 ☐ 배

➡ ☐ × ☐ = ☐

1 사과가 **5**개 있습니다.
   딸기는 사과의 **6**배만큼 있습니다.
   딸기는 모두 몇 개일까요?

5의 6배

➡ $\boxed{} \times \boxed{} = \boxed{}$

답 _____

2 연우 동생의 나이는 **3**살입니다.
   연우의 나이는 동생 나이의 **3**배입니다.
   연우의 나이는 몇 살일까요?

답 _____

3 도현이는 책을 **8**권 읽었습니다.
   지석이는 도현이의 **2**배만큼 책을 읽었습니다.
   지석이가 읽은 책은 몇 권일까요?

답 _____

4 지우개의 길이는 **4 cm**이고,
   연필의 길이는 지우개 길이의 **4**배입니다.
   연필의 길이는 몇 cm일까요?

답 _____

5 영우는 블록을 **7**개 쌓았습니다.
   은결이는 영우의 **3**배만큼 블록을 쌓으려고 합니다.
   은결이는 블록을 몇 개 쌓아야 할까요?

답 _____

공은 모두 몇 개인지 곱셈식으로 나타내세요.

1
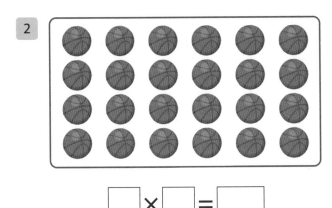

$6 \times \boxed{} = \boxed{}$

6씩 □묶음

바로 개념

축구공을 몇 개씩 묶는지에 따라 곱셈식이 여러 가지로 나올 수 있어!

• 2개씩 묶으면 9묶음 ➡ 2 × _____

• 3개씩 묶으면 6묶음 ➡ 3 × _____

2
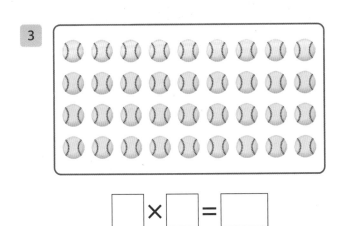

$\boxed{} \times \boxed{} = \boxed{}$

4
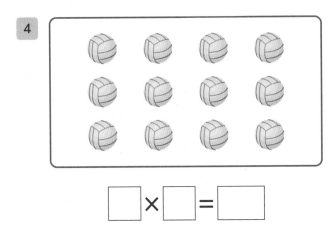

$\boxed{} \times \boxed{} = \boxed{}$

3
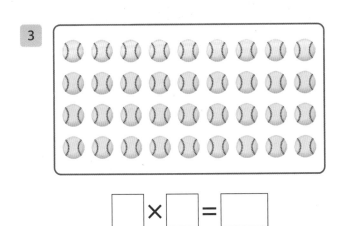

$\boxed{} \times \boxed{} = \boxed{}$

5
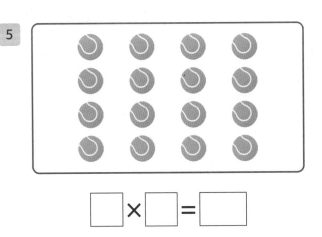

$\boxed{} \times \boxed{} = \boxed{}$

모두 몇 개인지 여러 가지 방법으로 나타내세요.

1

요구르트의 수

묶음	5씩 3묶음
배	5의 3배
덧셈식	5 + 5 + 5 = 15
곱셈식	5 × 3 = 15

3

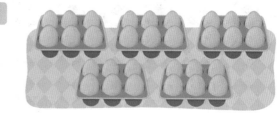

달걀의 수

묶음	
배	
덧셈식	
곱셈식	

2

기린의 다리 수

묶음	
배	
덧셈식	
곱셈식	

4

자전거의 바퀴 수

묶음	
배	
덧셈식	
곱셈식	

1 꽃은 모두 몇 송이인지 곱셈식으로 나타내세요.

(1)

4씩 ☐ 묶음

➡ 4 × ☐ = ☐

(2)

7씩 ☐ 묶음

➡ 7 × ☐ = ☐

2 빨간색 모형의 수는 파란색 모형의 수의 몇 배인지 구하고, 곱셈식으로 나타내세요.

(1)

12는 4의 ☐ 배

➡ ☐ × ☐ = ☐

(2)

18은 3의 ☐ 배

➡ ☐ × ☐ = ☐

3 초콜릿은 모두 몇 개인지 곱셈식으로 나타내세요.

(1)

☐ × ☐ = ☐

(2)
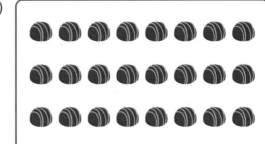

☐ × ☐ = ☐

4 곱셈을 덧셈식으로 나타내어 계산하세요.

(1) $\boxed{3 \times 5}$ ➡ _____ ➡ $3 \times 5 =$ $\boxed{}$

(2) $\boxed{7 \times 4}$ ➡ _____ ➡ $7 \times 4 =$ $\boxed{}$

5 우유는 모두 몇 개인지 여러 가지 방법으로 나타내세요.

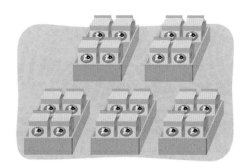

묶음 _____

배 _____

덧셈식 _____

곱셈식 _____

6 한 상자에 7개씩 들어 있는 초콜릿이 5상자 있습니다. 초콜릿은 모두 몇 개인지 곱셈식으로 나타내고 구하세요.

식 _____ 답 _____

7 희경이의 나이는 9살입니다. 희경이 엄마의 나이는 희경이 나이의 4배입니다. 희경이 엄마의 나이는 몇 살인지 곱셈식으로 나타내고 구하세요.

식 _____ 답 _____

· 메모 ·

• 메모 •

기적의 계산법 응용 UP

응용 UP

정답과 풀이

초등 2학년

3권

3권

01 세 자리 수

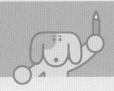

DAY **1**

11쪽
12쪽

연산 UP

1 100	**4** 700
2 100	**5** 500
3 100	**6** 1000

응용 UP

1 3, 30, 300	**4** 100, 200, 300
바로개념 1, 2	
2 800, 600, 1000	**5** 800, 900, 1000
3 190, 420, 830, 990	**6** 400, 400, 40, 400

DAY **2**

13쪽
14쪽

연산 UP

1 삼백구십오	**9** 571
2 팔백칠십이	**10** 124
3 백구	**11** 910
4 육백팔십일	**12** 612
5 오백십삼	**13** 705
6 구백사	**14** 439
7 이백사십	**15** 368
8 칠백삼십팔	**16** 853

응용 UP

1 671	**4** 990
2 121	**5** 301, 102
3 814	**6** 250

연산 UP 수를 읽을 때에는 각 자리 숫자가 나타내는 값(자리의 숫자와 자릿값)을 앞에서부터 차례로 읽습니다.

2 8 7 2
팔백 칠십 이

3 1 0 9 ➡ 백구
└ 숫자가 0인 자리는 읽지 않습니다.
└ 숫자가 1인 자리는 자릿값만 읽습니다.

10 백 이십 사
1 2 4

11 구백 십
9 1 0

13 칠백 오
7 0 5
└ 읽지 않은 자리에는 0을 씁니다. ┘

연산 UP

1	354	4	436
2	507	5	290
3	323	6	158

응용 UP

1 ➡ 140

2 ~ 4 예1 백 모형 5개로 500을 만들었습니다.

➡ 500

예2 백 모형 1개, 십 모형 2개, 일 모형 2개로 122를 만들었습니다.

➡ 122

예3 백 모형 2개, 일 모형 3개로 203을 만들었습니다.

➡ 203

응용 UP 2 ~ 4 이 외에도 다양한 방법으로 세 자리 수를 만들 수 있습니다.
① 수 모형을 5개 사용한 경우, ② 백 모형이 포함된 경우 모두 정답입니다.
만들 수 있는 세 자리 수는 500, 401, 410, 302, 311, 320, 203, 212, 221, 230, 104, 113, 122, 131, 140입니다.

연산 UP

1	457	6	8, 3, 6
2	186	7	예 5, 1, 7
3	793	8	예 7, 8, 9
4	408	9	예 1, 2, 4
5	619	10	예 3, 1, 0

응용 UP

1	571개
2	269권
3	780장
4	608개
5	850원

연산 UP 5
100이 5개 ➡ 500
10이 11개 ➡ 110
1이 9개 ➡ 9
―――――――――
619

응용 UP 3
100장씩 7상자 ➡ 700장
10장씩 8봉지 ➡ 80장
―――――――――――
전체 색종이 ➡ 780장

5
100원짜리 7개 ➡ 700원
10원짜리 15개 ➡ 150원
―――――――――――
전체 금액 ➡ 850원

DAY 5

19쪽
20쪽

연산 UP

1. 300, 60, 8 / 300, 60, 8
2. 500, 30, 4 / 500, 30, 4
3. 200, 20, 2 / 200, 20, 2
4. 100, 90, 7 / 100, 90, 7
5. 900, 10, 0 / 900, 10, 0
6. 600, 70, 5 / 600, 70, 5

응용 UP

1. 5, 5, 50, 500
2. 9, 30, 400, 9
3. 70, 75, 805, 870
4. 20, 3, 20, 100
5. 200, 200, 1, 60
6. 394, 94, 304, 390

DAY 6

21쪽
22쪽

연산 UP

1. 7, 3, 6
2. 1, 0, 4
3. 8, 7, 3
4. 2, 6, 9
5. 700, 30, 6
6. 400, 80, 5
7. 7, 10, 500
8. 3, 90, 600

응용 UP

1. 586, 389
2. 100, 196
3. 450, 461
4. 972, 173

응용 UP　2　백의 자리 숫자를 알아보면 <u>1</u>00 ➡ 1, <u>3</u>10 ➡ 3, <u>6</u>41 ➡ 6, <u>1</u>96 ➡ 1, <u>9</u>51 ➡ 9, <u>2</u>13 ➡ 2

　　　　　3　숫자 4가 나타내는 값을 알아보면 2<u>4</u>3 ➡ 40, 8<u>4</u>6 ➡ 40, 19<u>4</u> ➡ 4, <u>4</u>50 ➡ 400, 30<u>4</u> ➡ 4, <u>4</u>61 ➡ 400

　　　　　4　숫자 7이 나타내는 값을 알아보면 80<u>7</u> ➡ 7, <u>7</u>48 ➡ 700, 9<u>7</u>2 ➡ 70, <u>7</u>56 ➡ 700, 1<u>7</u>3 ➡ 70, 41<u>7</u> ➡ 7

DAY 7

23쪽
24쪽

연산 UP

1. 십, 50
2. 백, 100
3. 일, 3
4. 백, 200
5. 일, 6
6. 십, 90
7. 백, 700
8. 십, 20
9. 백, 400
10. 일, 7
11. 십, 60
12. 일, 5
13. 백, 500
14. 십, 10
15. 일, 8
16. 백, 900

응용 UP

1. 452
2. 607
3. 129
4. 4개
5. 354

응용 UP　4　896, 897, 898, 899 ➡ 4개

DAY 8

25쪽
26쪽

연산 UP

1. 600, 700, 800, 900
2. 275, 285, 295, 305
3. 855, 856, 857, 858
4. 960, 970, 990, 1000
5. 777, 776, 772, 771
6. 263, 463, 663
7. 419, 429, 449, 469

응용 UP

1. 735
2. 305
3. 740
4. 200
5. 224

연산 UP 5. 777 ─ 776 ─ 775 ─ 774 ─ 773 ─ 772 ─ 771

1씩 거꾸로 뛰어서 센 것입니다.

6. 163 ─ 263 ─ 363 ─ 463 ─ 563 ─ 663 ─ 763

2번 뛰어서 세어 백의 자리 숫자가 2 커졌으므로 100씩 뛰어서 센 것입니다.

7. 409 ─ 419 ─ 429 ─ 439 ─ 449 ─ 459 ─ 469

2번 뛰어서 세어 십의 자리 숫자가 2 커졌으므로 10씩 뛰어서 센 것입니다.

응용 UP 2. 300 ─ 301 ─ 302 ─ 303 ─ 304 ─ 305   3. 700 ─ 710 ─ 720 ─ 730 ─ 740
4. 250 ─ 240 ─ 230 ─ 220 ─ 210 ─ 200   5. 624 ─ 524 ─ 424 ─ 324 ─ 224

DAY 9

27쪽
28쪽

연산 UP

1. <
2. >
3. >
4. <
5. >
6. >
7. <
8. <
9. >
10. <
11. >
12. <
13. <
14. <
15. >
16. <

응용 UP

1. 현수
2. 준하
3. 동화책
4. 단팥빵
5. 은재

응용 UP 1. 158<171   2. 198<203   3. 515>510   4. 950>850   5. 131<137

연산 UP

1	236 296 183
2	657 598 689
3	719 818 917
4	542 549 540
5	435 485 455
6	131 112 119

7	809 873 863 870
8	197 173 162 182
9	259 631 472 814
10	815 819 817 812
11	676 767 802 599
12	298 274 315 309

응용 UP

1 5, 4, 3, 1, 2

2

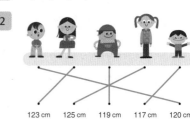

123 cm   125 cm   119 cm   117 cm   120 cm

응용 UP 1 높이를 비교하면 634＞632＞553＞324＞237입니다.

2 키를 비교하면 125＞123＞120＞119＞117입니다.

응용 UP

1	1, 2, 3
2	8, 9
3	0, 1, 2, 3, 4, 5
4	9

5	0, 1, 2, 3
6	6, 7, 8, 9
7	0, 1, 2, 3
8	6, 7, 8, 9

응용 UP

1	8, 9
2	0, 1, 2, 3
3	5, 6, 7, 8, 9
4	0, 1, 2

5	6, 7, 8, 9
6	8, 9
7	0, 1
8	0, 1, 2, 3, 4

응용 UP
31쪽

2 9□4＞978

□ 안에 9부터 차례로 넣어 봅니다.

9⑨4＞978   9⑧4＞978   9⑦4＜978

➡ □=8, 9

3 2□2＜259

□ 안에 0부터 차례로 넣어 봅니다.

2⓪2＜259   2①2＜259   2②2＜259

2③2＜259   2④2＜259   2⑤2＜259

2⑥2＞259

➡ □=0, 1, 2, 3, 4, 5

응용 UP
32쪽

2 75□＜754
   □＜4

3 4□7＞448
   □7＞48이므로 □=5, 6, 7, 8, 9

4 3□2＜329
   □2＜29이므로 □=0, 1, 2

5 517＜□14
   51＜□1이므로 □=6, 7, 8, 9

6 184＜1□8
   84＜□8이므로 □=8, 9

7 823＞8□6
   23＞□6이므로 □=0, 1

응용 UP

1	641, 146	5	985, 258
2	853, 358	6	763, 136
3	974, 479	7	652, 205
4	810, 108	8	964, 406

응용 UP

1 571

2 428

3 396

4 250

응용 UP 2 ❶ 백의 자리에 4를 쓰고　➡ `4 _ _`
34쪽　　❷ 남은 수 카드를 작은 수부터 쓰면　➡ `4 2 8`

3 ❶ 백의 자리에 3을 쓰고　➡ `3 _ _`
❷ 남은 수 카드 중에서 큰 수부터 2개 쓰면　➡ `3 9 6`

4 ❶ 십의 자리에 5를 쓰고　➡ `_ 5 _`
❷ 남은 수 카드 중에서 작은 수부터 2개 쓰면 0, 2
0은 백의 자리에 올 수 없으므로　➡ `2 5 0`

1	917, 구백십칠	6	(1) 1, 2, 3, 4 　　(2) 7, 8, 9
2	8, 4 / 80, 4 / 200, 80, 4	7	653개
3	(1) 백, 500　　(2) 십, 90	8	192
4	781, 791, 801, 811	9	식빵
5	(1) <　　(2) >	10	140

4 10씩 뛰어서 세었습니다.

5 (1) 799 < 801　　(2) 476 > 472
　　　　7 < 8　　　　　　6 > 2

6 (1) 8□6 < 851　　(2) □58 > 729
　□6 < 51이므로 □ = 1, 2, 3, 4　　□5 > 72이므로 □ = 7, 8, 9

7 100개씩 6상자 ➡ 600개
　10개씩 5바구니 ➡ 50개
　　　낱개 3개 ➡ 3개
　　　전체 귤 ➡ 653개

10 ❶ 십의 자리에 4를 쓰고　➡ `_ 4 _`
❷ 남은 수 카드 중에서 작은 수부터 2개 쓰면 0, 1
0은 백의 자리에 올 수 없으므로 ➡ `1 4 0`

02 여러 가지 도형

응용 UP

1 · 삼각형 1개짜리:

· 삼각형 4개짜리:

➡ 4+1=5(개)

2 · 삼각형 1개짜리:

· 삼각형 2개짜리:

· 삼각형 3개짜리:

· 삼각형 4개짜리:

➡ 4+3+2+1=10(개)

3 · 사각형 1개짜리:

· 사각형 2개짜리:

· 사각형 3개짜리:

➡ 3+2+1=6(개)

4 · 사각형 1개짜리: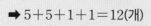

· 사각형 2개짜리:

· 사각형 3개짜리:

· 사각형 4개짜리:

➡ 5+5+1+1=12(개)

DAY 15

연산 UP

1 4, 4	4 3, 3	7 5, 5
2 5, 5	5 4, 4	8 6, 6
3 6, 6	6 3, 3	9 0, 0

응용 UP

1 9
2 1개
3 2
4 육각형

43쪽
44쪽

응용 UP

1 (육각형의 변의 수)=6
(삼각형의 꼭짓점의 수)=3
➡ 6+3=9

2 (사각형의 꼭짓점의 수)=4
(오각형의 꼭짓점의 수)=5
➡ 5−4=1

3 ★=(사각형의 변의 수)=4
♥=(육각형의 꼭짓점의 수)=6
➡ ♥−★=6−4=2

4 곧은 선으로 둘러싸여 있는 도형은 변의 수와 꼭짓점의 수가 같습니다.
6+6=12이므로 변과 꼭짓점이 각각 6개입니다. 따라서 도형은 육각형입니다.

DAY 16

연산 UP

1 3개	6 4개	11 5개
2 5개	7 3개	12 4개
3 4개	8 3개	13 5개
4 5개	9 5개	14 4개
5 2개	10 4개	15 3개

응용 UP

1 ( ) (○) ( )
2 (○) ( ) ( )
3 ( ) ( ) (○)
4 ( ) (○) ( )

45쪽
46쪽

DAY 17

1 (1) 사각형 (2) 오각형
2 (1) 6, 6 (2) 3, 3
3 (1) 5개 (2) 4개
4 18개
5 오각형
6 ㉢

47쪽
48쪽

4 · 사각형 1개짜리:
· 사각형 2개짜리:
· 사각형 3개짜리: · 사각형 4개짜리: · 사각형 6개짜리:
➡ 6+7+2+2+1=18(개)

5 삼각형의 꼭짓점은 3개입니다.
꼭짓점이 3개보다 2개 더 많으므로 꼭짓점이 5개인 도형입니다. 따라서 오각형입니다.

03 덧셈과 뺄셈(1)

DAY 18

53쪽
54쪽

연산 UP

1 85	6 31	11 28	16 47
2 71	7 44	12 86	17 98
3 32	8 89	13 50	18 34
4 58	9 73	14 102	19 92
5 90	10 104	15 39	20 72

응용 UP

1	56
2	62
3	35개
4	87번
5	30살

응용 UP

1
```
      1
    4 9
  +   7
    5 6
```

2
```
      1
    5 3
  +   9
    6 2
```

3
```
      1
      8
  + 2 7
    3 5
```

4
```
      1
    7 9
  +   8
    8 7
```

5
```
      1
    2 7
  +   3
    3 0
```

DAY 19

55쪽
56쪽

연산 UP

1 63	6 37	11 81	16 22
2 37	7 82	12 65	17 75
3 30	8 91	13 49	18 42
4 93	9 108	14 20	19 51
5 76	10 41	15 99	20 60

응용 UP

(위에서부터)

1 6	4 7	7 4, 5
2 8	5 8, 2	8 6, 4
3 5	6 6	9 9, 3

응용 UP 2 □+4=12, □=8   3 6+□=11, □=5   4 3+□=10, □=7

5 일의 자리: 8+□=16, □=8   6 □+2=8, □=6   8 일의 자리: 7+7=14이므로□=4
십의 자리: 1+1=□, □=2   십의 자리: 1+□=7, □=6

9 일의 자리: □+5=14, □=9
십의 자리: 1+2=□, □=3

연산 UP

1	53	5	43	9	93
2	21	6	72	10	58
3	34	7	62	11	72
4	100	8	81	12	31

응용 UP

토끼

연산 UP

1	48	6	75	11	21	16	5
2	57	7	77	12	86	17	25
3	62	8	47	13	28	18	39
4	40	9	59	14	45	19	69
5	74	10	89	15	59	20	17

응용 UP

1	76
2	27
3	35개
4	79권
5	18개

응용 UP

1

	7	10
	8	2
−		6
	7	6

2

	2	10
	3	1
−		4
	2	7

3

	3	10
	4	3
−		8
	3	5

4

	7	10
	8	4
−		5
	7	9

5

	1	10
	2	5
−		7
	1	8

연산 UP

1	76	6	66	11	58	16	18
2	87	7	57	12	24	17	44
3	35	8	77	13	89	18	61
4	63	9	48	14	16	19	81
5	84	10	89	15	34	20	68

응용 UP

(위에서부터)

1	2	4	9	7	6, 7
2	6	5	8, 8	8	2, 4
3	6	6	0	9	1, 3

응용 UP

2 $\square - 4 = 2$, $\square = 6$

4 $15 - \square = 6$, $\square = 9$

6 $1\square - 2 = 8$, $\square = 0$

8 일의 자리: $7 - 3 = 4$이므로 $\square = 4$
십의 자리: $\square = 2$

3 $13 - \square = 7$, $\square = 6$

5 일의 자리: $16 - \square = 8$, $\square = 8$
십의 자리: 받아내림하고 남은 수가 8이므로 $\square = 8$

7 일의 자리: $14 - 7 = 7$이므로 $\square = 7$
십의 자리: 받아내림하고 남은 수가 5이므로 $\square = 5 + 1 = 6$

9 일의 자리: $1\square - 6 = 5$, $\square = 1$
십의 자리: 받아내림하고 남은 수가 3이므로 $\square = 3$

연산 UP

1	37	5	48	9	57
2	13	6	58	10	34
3	86	7	79	11	52
4	69	8	23	12	19

응용 UP

1
$$\begin{array}{r} 5\;1 \\ -\quad 9 \\ \hline 4\;2 \end{array}$$

2
$$\begin{array}{r} 2\;0 \\ -\quad 5 \\ \hline 1\;5 \end{array}$$

3
$$\begin{array}{r} 9\;4 \\ -\quad 6 \\ \hline 8\;8 \end{array}$$

4
$$\begin{array}{r} 2\;8 \\ -\quad 6 \\ \hline 2\;2 \end{array}$$

5
$$\begin{array}{r} 4\;2 \\ -\quad 8 \\ \hline 3\;4 \end{array}$$

6
$$\begin{array}{r} 7\;4 \\ -\quad 5 \\ \hline 6\;9 \end{array}$$

응용 UP

2 십의 자리에 0은 올 수 없습니다.
계산 결과가 15이므로
빼지는 수는 5$\square$가 될 수 없습니다.
➡ $20 - 5 = 15$

4 계산 결과가 22이므로
빼지는 수는 6$\square$, 8$\square$가 될 수 없습니다.
➡ $28 - 6 = 22$

6 계산 결과가 69이므로
빼지는 수는 4$\square$, 5$\square$가 될 수 없습니다.
➡ $74 - 5 = 69$

3 계산 결과가 88이므로
빼지는 수는 4$\square$, 6$\square$가 될 수 없습니다.
➡ $94 - 6 = 88$

5 계산 결과가 34이므로
빼지는 수는 2$\square$, 8$\square$가 될 수 없습니다.
➡ $42 - 8 = 34$

연산 UP

1	43	6	65	11	92	16	28
2	71	7	100	12	57	17	57
3	61	8	25	13	85	18	38
4	36	9	74	14	86	19	93
5	34	10	52	15	21	20	56

응용 UP

1	23	4	22
2	33	5	16
3	32	6	15

바로개념 덧셈, 뺄셈

응용 UP 2 $\square = 7 + 26 = 33$ 3 $\square = 4 + 28 = 32$ 4 $\square = 31 - 9 = 22$
5 $\square = 24 - 8 = 16$ 6 $\square = 22 - 7 = 15$

연산 UP

1	84	5	39	9	62
2	56	6	23	10	88
3	101	7	44	11	51
4	19	8	74	12	68

응용 UP

1	식 $74 + 7 = 81$	답	81명
2	식 $34 - 9 = 25$	답	25명
3	식 $25 - 6 = 19$	답	19개
4	식 $42 + 8 = 50$	답	50권
5	식 $46 - 7 = 39$	답	자동차, 39대

1 (1) 91 (2) 33 (3) 24
(4) 47 (5) 87 (6) 54
(7) 42 (8) 65 (9) 50

2 (1) 42 (2) 63 (3) 34
(4) 17 (5) 76 (6) 66
(7) 89 (8) 51 (9) 52

3 (1) 9 (2) 4
4 (1) 14 (2) 24
5 식 $62 + 9 = 71$ 답 71개
6 식 $40 - 4 = 36$ 답 36개

3 (1) $\square + 3 = 12$, $\square = 9$ (2) $1\square - 7 = 7$, $\square = 4$
4 (1) $\square = 21 - 7 = 14$ (2) $\square = 9 + 15 = 24$

04 덧셈과 뺄셈(2)

DAY
27

75쪽
76쪽

연산 UP

1	84	6	139	11	143	16	96
2	62	7	127	12	120	17	126
3	78	8	109	13	163	18	130
4	91	9	162	14	121	19	112
5	56	10	179	15	105	20	174

응용 UP

1	94
2	157
3	84개
4	130개
5	41 kg

응용 UP

1
```
      1
    3 7
  + 5 7
  ─────
    9 4
```

2
```
      1
    8 2
  + 7 5
  ─────
  1 5 7
```

3
```
    4 8
  + 3 6
  ─────
    8 4
```

4
```
      1
    3 5
  + 9 5
  ─────
  1 3 0
```

5
```
      1
    2 9
  + 1 2
  ─────
    4 1
```

DAY
28

77쪽
78쪽

연산 UP

1	113	6	125	11	111	16	165
2	91	7	187	12	81	17	108
3	69	8	114	13	123	18	53
4	100	9	46	14	32	19	81
5	166	10	68	15	120	20	133

응용 UP

1	72
2	173
3	92장
4	81마리
5	50살

응용 UP

1
```
    4 8
  + 2 4
  ─────
    7 2
```

2
```
      1
    9 6
  + 7 7
  ─────
  1 7 3
```

3
```
      1
    7 5
  + 1 7
  ─────
    9 2
```

4
```
      1
    5 9
  + 2 2
  ─────
    8 1
```

5
```
      1
    3 8
  + 1 2
  ─────
    5 0
```

연산 UP

1	85	5	101	9	140
2	132	6	60	10	141
3	71	7	97	11	126
4	157	8	122	12	74

응용 UP

(위에서부터)

1	7	4	4, 6	7	9, 1
2	3, 9	5	7, 2	8	4, 8
3	4, 6	6	8, 6	9	9, 5

응용 UP

2 일의 자리: $8+\square=11, \square=3$
십의 자리: $1+2+6=9 \Rightarrow \square=9$

3 일의 자리: $\square+1=5, \square=4$
십의 자리: $9+\square=15, \square=6$

4 일의 자리: $4+\square=10, \square=6$
십의 자리: $1+\square+7=12, \square=4$

5 일의 자리: $3+9=12 \Rightarrow \square=2$
십의 자리: $1+\square+6=14, \square=7$

6 일의 자리: $2+\square=8, \square=6$
십의 자리: $5+\square=13, \square=8$

7 일의 자리: $\square+5=14, \square=9$
십의 자리: $1+3+\square=5, \square=1$

8 일의 자리: $7+\square=15, \square=8$
십의 자리: $1+\square+2=7, \square=4$

9 일의 자리: $\square+6=11, \square=5$
십의 자리: $1+\square+4=14, \square=9$

연산 UP

1	36	6	36	11	57	16	4
2	44	7	39	12	52	17	39
3	21	8	9	13	18	18	15
4	26	9	60	14	59	19	28
5	18	10	16	15	67	20	17

응용 UP

1	52
2	56
3	33개
4	15권
5	태희, 18권

응용 UP

1
	8	10
	9	1
−	3	9
	5	2

2
	7	10
	8	3
−	2	7
	5	6

3
	4	10
	5	0
−	1	7
	3	3

4
	2	10
	3	4
−	1	9
	1	5

5
	5	10
	6	2
−	4	4
	1	8

연산 UP

1	67	6	24	11	18	16	26
2	39	7	45	12	30	17	29
3	38	8	3	13	78	18	17
4	25	9	59	14	19	19	15
5	51	10	39	15	17	20	9

응용 UP

1	49
2	26
3	18마리
4	39살
5	17분

응용 UP 5 민규: 재호보다 14분 더 많이 걸렸습니다. ⟷ 재호: 민규보다 14분 더 적게 걸렸습니다. ➡ 31−14=17

연산 UP

1	49	5	32	9	48
2	19	6	38	10	26
3	54	7	15	11	9
4	35	8	17	12	37

응용 UP

(위에서부터)

1	3	4	2, 5	7	6, 6
2	1	5	9, 0	8	2, 8
3	7, 8	6	3, 5	9	7, 7

응용 UP 3 일의 자리: 14−□=6, □=8
십의 자리: □−1−5=1, □=7

6 일의 자리: 11−6=5 ➡ □=5
십의 자리: 9−1−□=5, □=3

4 일의 자리: □−0=2, □=2
십의 자리: 8−□=3, □=5

9 일의 자리: □−5=2, □=7
십의 자리: 8−□=1, □=7

연산 UP

1	122	6	39	11	130	16	58
2	47	7	137	12	5	17	114
3	75	8	29	13	195	18	40
4	17	9	94	14	59	19	108
5	171	10	28	15	113	20	17

응용 UP

$$\begin{array}{r} 63 \\ +29 \\ \hline 8\ 2 \end{array}\ 92$$

$$\begin{array}{r} 70 \\ -28 \\ \hline 5\ 8 \end{array}\ 42$$

$$\begin{array}{r} 34 \\ +85 \\ \hline 1\ 2\ 9 \end{array}\ 119$$

$$\begin{array}{r} 51 \\ -14 \\ \hline 4\ 3 \end{array}\ 37$$

$$\begin{array}{r} 93 \\ +39 \\ \hline 1\ 2\ 2 \end{array}\ 132$$

$$\begin{array}{r} 84 \\ -26 \\ \hline 6\ 8 \end{array}\ 58$$

53+17=54 70

95−46=916 49

연산 UP

1	19	6	105	11	26	16	92
2	54	7	12	12	116	17	65
3	126	8	160	13	68	18	67
4	29	9	35	14	151	19	194
5	38	10	57	15	108	20	18

응용 UP

1	식 93+78=171	답 171개
2	식 47-39=8	답 8장
3	식 59+12=71	답 71번
4	식 89+74=163	답 163명
5	식 60-28=32	답 32권

연산 UP

1	25	5	100	9	48
2	141	6	46	10	192
3	145	7	129	11	10
4	29	8	58	12	84

응용 UP

1	138쪽
2	175명
3	79번
4	예빈, 9개

응용 UP

1 ① 오늘: 57+24=81(쪽)
　② 어제와 오늘: 57+81=138(쪽)

3 ① 해준: 67+25=92(번)
　② 석호: 92-13=79(번)

2 ① 여학생: 96-17=79(명)
　② 2학년 학생: 96+79=175(명)

4 ① 윤성: 51-18=33(개)
　② 33<42이므로 예빈이가 초콜릿을
　　42-33=9(개) 더 많이 가지고 있습니다.

연산 UP

1 　44- 19 = 25
　　44- 25 = 19

5 　 34 + 26 =60
　　 26 + 34 =60

2 　51- 36 = 15
　　51- 15 = 36

6 　 37 + 47 =84
　　 47 + 37 =84

3 　 70 - 17 = 53
　　 70 - 53 = 17

7 　 68 + 23 = 91
　　 23 + 68 = 91

4 　 93 - 49 = 44
　　 93 - 44 = 49

8 　 7 + 65 = 72
　　 65 + 7 = 72

응용 UP

1
17+54=71
54+17=71
71-54=17
71-17=54

3
28+66=94
66+28=94
94-66=28
94-28=66

2
39+36=75
36+39=75
75-36=39
75-39=36

4
29+43=72
43+29=72
72-43=29
72-29=43

연산 UP

1	36	8	43
2	45	9	38
3	6	10	56
4	38	11	9
5	77	12	35
6	17	13	69
7	45	14	37

응용 UP

1	16	4	36
2	19	5	5
3	57	6	39

연산 UP

2 $\square=87-42=45$ 3 $\square=93-87=6$ 5 $\square=85-8=77$ 7 $\square=90-45=45$

8 $\square=99-56=43$ 9 $\square=42-4=38$ 13 $\square=80-11=69$ 14 $\square=75-38=37$

응용 UP

2 $26+\square=45 \Rightarrow \square=45-26=19$ 3 $\square+27=84 \Rightarrow \square=84-27=57$

4 $4+\square=40 \Rightarrow \square=40-4=36$ 5 $47+\square=52 \Rightarrow \square=52-47=5$

6 $\square+32=71 \Rightarrow \square=71-32=39$

연산 UP

1	90	8	36
2	71	9	57
3	54	10	19
4	92	11	34
5	93	12	59
6	88	13	26
7	82	14	8

응용 UP

1	14
2	38
3	13마리
4	7개
5	43개

연산 UP

2 $\square=23+48=71$ 4 $\square=79+13=92$ 6 $\square=12+76=88$ 7 $\square=38+44=82$

8 $\square=63-27=36$ 9 $\square=70-13=57$ 11 $\square=52-18=34$ 14 $\square=36-28=8$

응용 UP

2 $\square-19=19 \Rightarrow \square=19+19=38$ 3 $\square+7=20 \Rightarrow \square=20-7=13$

4 $35-\square=28 \Rightarrow \square=35-28=7$ 5 $\square-26=17 \Rightarrow \square=17+26=43$

연산 UP

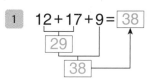

1 12+17+9= 38
29
38

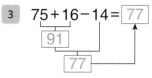

5 41−9−3= 29
32
29

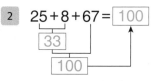

2 25+8+67= 100
33
100

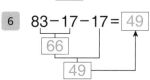

6 83−17−17= 49
66
49

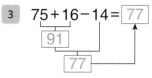

3 75+16−14= 77
91
77

7 52−25+98= 125
27
125

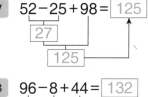

4 64+29−35= 58
93
58

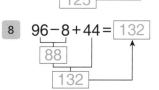

8 96−8+44= 132
88
132

응용 UP

출발 90
−9
81
−27
54
+18
72
−3
69
+6
75
+15
90
도착 −22
68

24
+32
56
−49
7
+37
44
−8
36
−16
20
−11
9
+99
108

연산 UP

1 119
2 81
3 59
4 18
5 24
6 49
7 35
8 87
9 140
10 93

응용 UP

1 식 25+28+29=82 답 82장
2 식 42−5−19=18 답 18개
3 식 31−26+17=22 답 22개
4 식 67+9−18=58 답 58쪽
5 식 70−15+27=82 답 82명

---

1 (1) 123 (2) 81 (3) 148
(4) 63 (5) 9 (6) 16

2 (1) 62 (2) 16
(3) 101 (4) 164

3 (1) 50 − 27 = 23 (2) 16 + 46 = 62
50 − 23 = 27 46 + 16 = 62

4 (1) 72 (2) 17

5 (위에서부터) (1) 8, 2 (2) 4, 7

6 식 50−38=12 답 12장

7 식 75−18−29=28 답 28쪽

8 94개

4 (1) □=19+53=72
(2) □=65−48=17

5 (1) 일의 자리: □+6=14, □=8 (2) 일의 자리: 1□−7=7, □=4
십의 자리: 1+2+□=5, □=2 십의 자리: 9−1−□=1, □=7

8 ① 현구: 55−16=39(개), ② 아빠와 현구: 55+39=94(개)

05 길이 재기

연산 UP

1	2번	6	6번
2	5번	7	3번
3	4번	8	5번
4	3번	9	4번
5	2번	10	2번

응용 UP

1	식탁	3	우산
2	민정, 태호, 일영	4	은우, 진혁, 예빈

바로개념 길고, 적어

응용 UP

1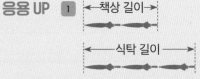

따라서 식탁이 더 깁니다.

2 같은 단위(클립)로 길이를 잰 횟수가 많을수록 물건의 길이가 깁니다.

따라서 연필의 길이를 비교하면 민정(6번) > 태호(5번) > 일영(3번)입니다.

3

따라서 우산이 더 짧습니다.

4 단위(뼘)의 길이가 길수록 길이를 잰 횟수가 적습니다.

따라서 한 뼘의 길이를 비교하면 은우(5번) > 진혁(6번) > 예빈(7번)입니다.

연산 UP

1	8 cm
2	12 cm
3	3 cm
4	7 cm
5	10 cm

응용 UP

1	5 cm	3	(위에서부터) 1 cm, 4 cm
2	8 cm	4	10 cm

응용 UP 2 예

2 cm

6 cm

8 cm

3 예

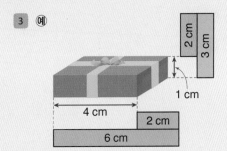

2 cm

3 cm

1 cm

4 cm

2 cm

6 cm

4 예

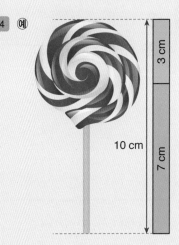

3 cm

10 cm

7 cm

연산 UP

1 약 1 cm

2 약 10 cm

3 약 5 cm

4 약 3 cm

5 약 11 cm

응용 UP

1 ➡ 2	약 1 cm	4 ➡ 5	약 4 cm	7 ➡ 8	약 8 cm
2 ➡ 3	약 9 cm	5 ➡ 6	약 3 cm	8 ➡ 9	약 1 cm
3 ➡ 4	약 2 cm	6 ➡ 7	약 5 cm	9 ➡ 10	약 1 cm

1 (1) 4번   (2) 7번

2 (1) 9 cm   (2) 6 cm

3 (1) 약 15 cm   (2) 약 8 cm

4

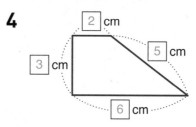

5 지영

6 수지

7 (1) 예 ㉯   (2) 6 cm, 6 cm

---

2 (2) 1 cm가 6번 ➡ 6 cm

5 민규의 리본 ➡

     지영이의 리본 ➡

     따라서 지영이의 리본이 더 깁니다.

6 단위의 길이가 짧을수록 길이를 잰 횟수가 많으므로

     지우개의 길이를 비교하면 수지(9번) < 종원(7번) < 균상(5번)입니다.

7 (2) ㉮와 ㉯의 길이가 6 cm로 같습니다.

06 곱셈

DAY 46

121쪽
122쪽

연산 UP

1	15 / 3, 15	4	18 / 9, 2, 18
2	18 / 6, 18	5	24 / 8, 3, 24
3	24 / 4, 24	6	20 / 4, 5, 20

응용 UP

1 $3+3+3+3=12$, 12

2 $5+5=10$, 10

3 $6+6+6+6+6=30$, 30

4 $4+4+4+4+4+4=24$, 24

5 $8+8+8+8=32$, 32

6 $9+9+9=27$, 27

7 $7+7=14$, 14

8 $2+2+2+2+2+2+2=14$, 14

DAY 47

123쪽
124쪽

연산 UP

1	6 / 6, 12	4	8, 2 / 8, 2, 16
2	5 / 5, 20	5	9, 3 / 9, 3, 27
3	4 / 7, 4, 28	6	5, 5 / 5, 5, 25

응용 UP

1 $4 \times 5 = 20$

2 $5 \times 3 = 15$

3 $6 \times 4 = 24$

4 $2 \times 9 = 18$

5 $8 \times 6 = 48$

응용 UP

2 5개씩 3묶음 ➡ $5 \times 3 = 15$

3 6자루씩 4상자 ➡ $6 \times 4 = 24$

4 2개씩 9대 ➡ $2 \times 9 = 18$

5 8개씩 6봉지 ➡ $8 \times 6 = 48$

DAY 48

125쪽
126쪽

연산 UP

1	4 / 4, 8	5	2, 7 / 2, 7, 14
2	3 / 3, 9	6	3, 4 / 3, 4, 12
3	2 / 2, 8	7	5, 3 / 5, 3, 15
4	2 / 2, 10	8	4, 4 / 4, 4, 16

응용 UP

1 30개

2 9살

3 16권

4 16 cm

5 21개

응용 UP   1 5의 6배   2 3의 3배   3 8의 2배   4 4의 4배   5 7의 3배
     ➡ $5 \times 6 = 30$ ➡ $3 \times 3 = 9$ ➡ $8 \times 2 = 16$ ➡ $4 \times 4 = 16$ ➡ $7 \times 3 = 21$

DAY 49

127쪽
128쪽

연산 UP

1 6, 3, 18   (바로개념) 9, 6

2 (예) 6, 4, 24

3 (예) 9, 4, 36

4 (예) 4, 3, 12

5 (예) 2, 8, 16

응용 UP

1 5씩 3묶음, 5의 3배, $5+5+5=15$, $5 \times 3 = 15$

2 4씩 4묶음, 4의 4배, $4+4+4+4=16$, $4 \times 4 = 16$

3 6씩 5묶음, 6의 5배, $6+6+6+6+6=30$, $6 \times 5 = 30$

4 2씩 7묶음, 2의 7배, $2+2+2+2+2+2+2=14$, $2 \times 7 = 14$

연산 UP   묶는 방법에 따라 여러 가지로 나타낼 수 있습니다.

2 $3 \times 8 = 24$, $4 \times 6 = 24$, $6 \times 4 = 24$, $8 \times 3 = 24$ 3 $4 \times 9 = 36$, $6 \times 6 = 36$, $9 \times 4 = 36$

4 $2 \times 6 = 12$, $3 \times 4 = 12$, $4 \times 3 = 12$, $6 \times 2 = 12$ 5 $2 \times 8 = 16$, $4 \times 4 = 16$, $8 \times 2 = 16$

DAY 50

129쪽
130쪽

1 (1) 5 / 5, 20   (2) 3 / 3, 21

2 (1) 3 / 4, 3, 12   (2) 6 / 3, 6, 18

3 (1) (예) 6, 6, 36   (2) (예) 8, 3, 24

4 (1) $3+3+3+3+3=15$, 15
    (2) $7+7+7+7=28$, 28

5 4씩 5묶음, 4의 5배,
   $4+4+4+4+4=20$, $4 \times 5 = 20$

6 식 $7 \times 5 = 35$ 답 35개

7 식 $9 \times 4 = 36$ 답 36살

3 묶는 방법에 따라 여러 가지로 나타낼 수 있습니다.
   (1) $4 \times 9 = 36$, $6 \times 6 = 36$, $9 \times 4 = 36$
   (2) $3 \times 8 = 24$, $4 \times 6 = 24$, $6 \times 4 = 24$, $8 \times 3 = 24$

6 7개씩 5상자 ➡ $7 \times 5 = 35$(개)

7 9살의 4배 ➡ $9 \times 4 = 36$(살)

기적의 학습서

" 오늘도 한 뼘 자랐습니다. "